かくれ繊細さんの「ぐるぐる思考」からの抜け出し方

時田ひさ子

廣済堂出版

はじめに

かくれ繊細さんとは？「ぐるぐる思考」が過ぎる人たち

「なぜあのとき、人のことばかり気にしてやらなかったんだろう」
「あっちにしておけばよかった」
「あんな言われ方はひどい。言い返せなかったけど、言っておけばよかった」

と過去のことを、思い出してぐるぐるしてしまうことは誰にでもあるかと思います。

過去だけでなく、「お金が足りるかなあ」とか、「転職したほうがいいかなあ」とか、「〇〇さんに会いたくないなぁ」とか、これから先のことをぐるぐる想像して、上の空になったりもすると思います。

頭のなかに、まるで無限ループのように繰り返される考えの輪。
これは、「反芻《はんすう》思考」と呼ばれています。

本書では、このぐるぐるする思考回路に悩まされる方が、どのようにぐるぐる思考を上手に扱えるようになるのかをお話しします。

ぐるぐる思考は、大きくふたつに分けられます。「過去型」と「未来型」です。

「過去型ぐるぐる思考」は、過去のことを思い出して、苦しくなります。

自分が、周囲の人たちから好意的に受け取られなかったり、否定されたり、誤解されたとき、「過去型ぐるぐる思考」に陥ります。そして、特定の場面が、脳内で繰り返されます。

例えば、こんな場面がぐるぐるしてしまうことがありませんか?

「会議中、発言したのに、誰も反応しない。『間』があってから、何事もなかったかのように会議が進行しつづけた」、あるいは「うれしくなってはしゃいでいたら、冷たい目で見られた」というような場面です。

こんな場面を思い出すとき、そのつど脇の下に冷たい汗をかき、顔面は硬直し、身体は固まっているのに、脳内のその映像はぐるぐるして、見つづけてしまっている状態です。

止めようにも止まらないこのぐるぐる思考を私は「ひとり反省会」とも呼んでいます。

また、「未来型ぐるぐる思考」とは、結論に到達しないのに延々と考えつづけてしまうものです。

例えば、「転職したい」と考え始めるとします。

「自分はなにがやりたいんだろう」→「次の仕事は今よりも好きだと思える仕事につきたい」→「そのためには○○ができたほうがいい」→「じゃ、今からそれを習得しよう」→「でも、習得するための費用がない」→「ならば、もっと今の仕事で稼げるようになってからでないと」↓「でも、今の仕事で稼げるようになったら、転職する意味がなくなるのでは？」↓「このままこの職場に定年までいることを考えると、やはりツライ」↓「ならやっぱり、今転職しよう」というように、一周して、また元の「転職したい」に戻ってきてしまいます。

いくら考えても結論に至らないのです。

考えているのに納得できる結論に至らないので、そういうふうにしか考えられない自分を否定するしかなくなります。

「ああ、もういいや」と投げうってしまいたくなります。どう解決したらよいのかわからず、このまま流されていようとあきらめたり、自暴自棄的な気分になったりしながらどんどん活力を失っていきます。せっかく未来のことを考えようとしているのに、ぐるぐる思考に陥って、自分の未来を考えることをやめてしまうのです。

ぐるぐる思考とは、過去型であっても未来型であっても、脳内で起こっているもので目の前で現実に起こっているのではないため、止めることができるはずです。それなのに、たえずぐるぐる思考が脳内にあり、誰よりも悩まされている人たちがいます。ぐるぐる思考が多く、長く、リアルなので困っている人たちです。

このように常時ぐるぐる思考を抱える人のなかには、好奇心が強いにもかかわらず怖がりである、とか、大胆なのに傷つきやすい、とか、愛情深いのに冷徹、ずぼらなのに超細かい、など相反する性格特性を持つ人たちがいます。

このような相反する両極端な特質を、両方とも持ち合わせていることに心当たりがあるのであれば、あなたはもしかしたら、この本でお伝えする「かくれ繊細さん」（ＨＳＳ型ＨＳＰ、あるいはＨＳＥ）と呼ばれる人かもしれません。

私は、かくれ繊細さん（ＨＳＳ型ＨＳＰ）限定でカウンセリングをしている時田と申します。かくれ繊細さんたちから話を伺い、ご本人が気づかないうちに始まり、止められなくなっている「ぐるぐる思考」の正体を明らかにして、心地よく生きるための選択をサポートしています。

私自身もかくれ繊細さんで、長い間、自分の脳内で起こっているぐるぐる思考の原因がわからずに翻弄《ほんろう》されてきました。社会的にはうまく周りに合わせてやってきましたが、「自分はなにかが、みんなとは悩み方が違う」と、心の奥底で感じていました。

　その「なんだか違う」という違和感の正体が、かくれ繊細さんの持つこの「ぐるぐる思考」だったと知ったのは、45歳を過ぎてからでした。ずいぶんと長いこと時間がかかって、理由がわかったときは、心底驚き、雷に打たれたような衝撃を受けました。

　それは、アメリカの心理学者のエレイン・Ｎ・アーロン博士の発見した概念「ＨＳＰ：Highly Sensitive Person」（生まれつき感受性が強く敏感な気質を持った人）をネットで知ったことがきっかけでした。

「かくれ繊細さん（ＨＳＳ型ＨＳＰ）」とは、このアーロン博士の特定した「ＨＳＰ」のなかでも、共感能力が高く繊細で傷つきやすい側面（ＨＳＰ）と、刺激希求性、積極性、好奇心旺盛さ、退屈の感じやすさ、それから抑圧を嫌う性質という別の側面（ＨＳＳ：High Sensation Seeking）を持ちながらも、社会に適応している人たちです。

人は誰でも、「ぐるぐる思考」をすることはあります。ですが、かくれ繊細さんは、ほぼ一日中、思考をぐるぐるさせている人たちであると思われます。

のべ2万時間ほどカウンセリングセッションをしてきましたが、かくれ繊細さんたちはぐるぐる思考発生の頻度が高く、内容の密度が濃く、具体的かつリアルであると感じます。それは、自分自身も含め、かくれ繊細さんに脳内に思い描く映像を言葉で表していただいたことで確かめてきました。彼らの持つ脳内イメージは、非常に鮮明で具体的で、即時的であると言えます。

そうしたかくれ繊細さんたちのイメージの力は、仕事の展望を考えたり、アイディアを練ったり作品を作り出すときには有効で、「才能」として不可欠なのですが、その反面、自らを追い込む源《みなもと》でもあります。

かくれ繊細さんのイメージ力は、才能にもなり、自らを翻弄されて滅してしまう「もろ刃の刃」であると言えます。

脳内の映像を見ているときのかくれ繊細さんは、そうした映像を見ていることをごく自然なこととして受け入れています。だから、みんなも自分と同じようにぐるぐるしているんだろうと信じているかもしれません。ですが、ほかの人はかくれ繊細さんほど、ぐるぐるしていないのかもしれません。もしかしたらそこから少し違っているかもしれないのです。

本書では、かくれ繊細さんたちがぐるぐる思考を抜け出す方法について、これまでのセッションでお聞きした事例をベースにお伝えしていこうと思います。

かくれ繊細さんの「ぐるぐる思考」からの抜け出し方

目次

第2章

第0《ゼロ》章

こんな人は、もしかして「かくれ繊細さん」かも？

こんなあなたは「かくれ繊細さん」かも？

初めて会う人にはすぐに打ち解けられるのに、2回目以降、徐々にどうつきあったらよいかわからなくなり、回数を重ねるごとによそよそしくなってしまう。

仕事で少しのミスに大きく凹《へこ》んでしまって、すべてがダメであるかのように感じて、それを人に相談すると「気にしすぎだよ」「忘れなよ」と言われてさらに凹む。そのときは「そうだよね」「気にするのやめるよ」とわかったふりをするものの、結局なんの解決にもならなくて、ひとりでぐるぐる考え続けてしまう。

余裕があるときは、元気はつらつで楽しくて大らかで悩みがなさそうな人でいられるのに、余裕がなくなると、周りのことなど気にしていられなくなって、それまでとは別人のような対応になる。

人と会う約束の日が近づくと、どんどん面倒だと感じるようになる。いっそキャンセルしてしまおうかと思うが、キャンセルするときの相手の反応を想像すると、なかなか言い出せない。

人にものを教えるのが得意。どこでつまずくかがわかるし、表情や反応から考えているることを察しながら教えればいいから。普通のことをしているだけなのに「教え方がうまい」と言われるのは、心外だけどうれしい。

……このようなパターンに思い当たる方がいたら、もしかしたらこの本で扱っている「かくれ繊細さん」かもしれません。

そう、HSS型HSPかくれ繊細さんは、ちぐはぐなのです。

人前に出るのが得意とは言えないのに、気持ちが向くと、企画を立てて先頭きってイベントを開催し始めてしまったりします。それなのに、イベント当日が近づいてくると「私が引き受けなければよかったのでは？」「ほかの人が引き受けていたら、きっともっと進んでいたよね、って誰かが言ってるかもしれない」「失敗できない。完璧にやらなきゃ」。そんなふうに気を張りすぎてしまうかもしれません。そんな不安を押し隠すことでいっぱいいっぱいになって顔面蒼白状態なのに、カラ元気をよそおったり。枯渇《こかつ》しがちなエネルギーを振り絞って毎日を乗り切っているので、いつもヘトヘト。

そして「どうしてあんなことを企画してしまったのだろう？」と、そもそも企画立案したこと自体を後悔したり、当日なにか不慮の事故でイベントそのものがなくなったりしないだろうか、などと考え始めます。こうした「勢いにまかせてやり始めてみたものの、どんどん怖気づいていくエピソード」は、「かくれ繊細さんあるある」の定番です。

かくれ繊細さんかどうかがわかる「チェックテスト」

このあるあるエピソードには、たいがい同じような結末がついてきます。

結局は、泣きたい気持ちを抑えながらぎりぎりまで準備に心血を注いで、イベントは盛り上がり、みんなに喜ばれ、「またやって」と期待されるのですが、本人はボロボロで「二度とやりたくない」と思う。なのに、そう言えなくて、「またやろうね」と約束してしまっては、内心ため息をついている。けれども、どこかでまた「自分はきっとやってしまうんだろうな」と思ってしまう……。

さんざんな気持ちになったのだから次はやらなければいいのに、どうしてそう思ってしまうのかというと、ほめられたり、力を発揮できたり、わき目も振らずに没頭できた快感なども身体に記憶されるからです。

どうでしょうか。こうした体験、身に覚えはありませんか?

もちろん、少数派のかくれ繊細さんとはいえ、ひとつのエピソードでひとくくりにはできませんから、同じような体験をした方ばかりではないかもしれません。

ですから、あなたがＨＳＳ型ＨＳＰかくれ繊細さんかどうかをチェックしていただくテストをご用意しました。こちらで何項目思い当たるかをチェックしてみてください。

チェック10個以上が、ＨＳＳ型ＨＳＰかくれ繊細さんかどうかの目安になります。

□正義感・思いやり・親切心が強い
□自他に対して誠実でありたい
□小さな優しさや人間味に触れると強く心がふるえる
□周りの人との調和を常に配慮している
□意識しなくても、いつもなにか想像したり考えたりしている
□ものごとや人の真偽を見抜くのが得意だとひそかに思っている
□理不尽な出来事を見ると、落ち着かなくなる
□理由はわからず落ち込むことがあるが、それを周囲には気づかれないようにしている
□アイディアが湧いてとまらないことがある
□人に見られていたり時間がなかったりするとき、焦って本来の力が発揮できない

□引っ越しや転勤、人の死など、生活に起こる変化で動揺しやすいと思うが、できるだけ動揺しないよう抑えるようにしている
□ゴールに到達する前にやめてしまうことが多い
□時間を無駄にするのが嫌いで、待ち時間や隙間時間になにかをしたくなる
□センスあるなと思う分野があるが、それを自慢しないようにしている
□行ったことがない場所に行ってみたいが、うまく行けるかどうかの不安も強い

いかがだったでしょうか?

15項目のうち、10項目以上該当で、かくれ繊細さんの確率が高いと言えます。

なお、前半8項目のうち、該当しない項目がある場合は、ご注意ください。かくれ繊細さんに似ている別のタイプの可能性があります。

そんなかくれ繊細さんの特徴をとりまとめてみると、おおよそこのような特徴をお

持ちです。

- 大胆な行動を取り、外向的なのに傷つきやすく繊細
- 人とうまくつきあえているようで、誰かの小さな発言でモヤモヤしている
- 自虐ネタで自ら笑いをとっていても、いじられすぎると深く傷つく
- おもしろいことや感動することが大好き
- 心が洗われるような体験を求める
- 興味の方向が、ばらけている
- ゼロから1を生むよりも、1を2にする（修正、改善する）ことが得意
- 誰かの悩みや苦労を改善することに、深い喜びを感じる
- 取り組み始めると集中力が高く、のめり込む
- すでにほかの人がやっていることに興味を持たず、人がしていないことをしたい
- 初めてのことや、慣れないことは用心深く準備する

かくれ繊細さんは、こんな生きづらさを感じている

次に、かくれ繊細さんが生きづらさを感じている点をいくつか挙げてみましょう。

自信はあるのに、自分へのダメ出しが強い

ある分野で飛び抜けた力を発揮することができるので、強い自信を持っている。なのに、常識的な判断を誤ったり、単純作業でミスが多いなど、みんなができることができなかったり、同じことを飽きずに継続することに耐えられなかったりします。

そのため、ほかの人と比べて自分はダメ人間だと否定しやすくもあります。

「みんなと同じでいなきゃ」と、苦手なことの克服に必死になり、ストレス過多の傾向があります。

さらに、自分に対する理想、目標が高いのですが、そのことを「プライドが高い」「自意識過剰」であると自虐的にとらえて、自分へのダメ出しを強めます。

人が好きなのに、人との距離感がわからない

本当のことを言ったら否定されるので、言わないほうがいいと思って言わなくなる。その結果、「なにを考えてるのかわからない」と謎めいた人、不思議な人のように見られ、周囲とどのようにつきあったらよいのか把握できなくなるという生きづらさを持っています。

このことを「人との距離感がつかめない」「どれくらい自己開示したらよいのかわからない」という言葉で表現される方が多いようです。

緊張が強く、休めない

周囲に合わせることを優先させるため、自分の行動を厳しく律しており、緊張が強いのもかくれ繊細さんの特徴と言えます。

気が抜けないので、心から休息を取り、ボーッとすることができない、という生きづらさにつながっていきます。

あちこち目移りしてしまう

なにかに集中し始めるとグッとのめり込む、いわゆる「過集中」が強い人たちです。ですが、いつも集中しているわけではなく、複数のことを同時進行しており、気持ちがあちこちに散らかりやすい人たちでもあります。

その結果、あちこちにやりかけのものが散見し、どれも終わらなくて取っ散らかるといった現象が起こります。

この、「過集中」と「取っ散らかり」をコントロールできない場合、周囲の人たちからそれが理解されづらく、「自分はあたりまえのこともできない」と自己否定を深めてしまい、直そうとしてさらに苦しくなるという生きづらさにつながります。

人がやらないような思いつきを突然始める
信じ込みやすいのに、警戒心も強い

そのほか、唐突に人がやらないようなことをやり始める、という自分の一面を無理に矯正しようとしたり、新しい経験をしたがったりする一方で警戒心も強いので、なかなか最初の一歩を踏み出せない自分に悩むといった、かくれ繊細さんならではの生きづらさがあります。いずれも、自分をうまくとらえきれずに、持て余してしまうことが原因です。

そのほかにも、

- 親との関係がこじれている
- やりたいことがわからない
- キャリアが積めない
- 気持ちが沈みがちなのにそう見られない

などの悩みを持つことが多いです。

かくれ繊細さんとHSPの関係とは？

かくれ繊細さんは、全人口の約6％と言われています。

■かくれ繊細さんは、全人口の約6％

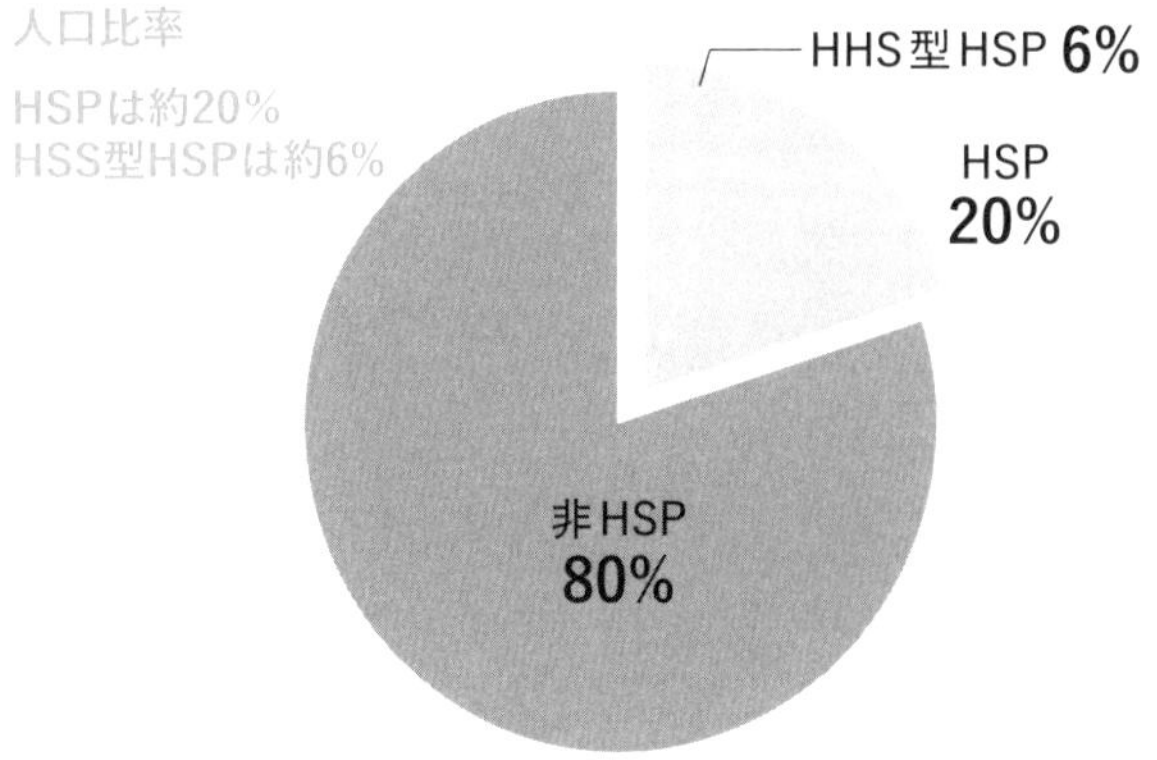

また、ＨＳＳ型ＨＳＰを含む繊細な人（ＨＳＰ）は、全人口の約20％存在していると言われています。

ＨＳＰとはどんな人なのかを表す４つの指標があります。

D　Depth of processing：物事を深く考える

O　Overstimulated：過剰に刺激を受け取る

E　Emotional reactivity and high Empathy：感情が強い、共感力が高い

S　Sensitivity to Subtleties：些細なことにも気づく

これら４項目すべてが高いことが、ＨＳＰの条件です。

そして、このＨＳＰ特性と併せて、かくれ繊細さん（ＨＳＳ型ＨＳＰ）ひとりのなかにあるＨＳＳ特性は、「内的な興奮が好き」「抑圧されるのが嫌い」「飽きっぽい」です。

つまり、ＨＳＳ型ＨＳＰは、全方向的にばらばらに感じられるような特性を、一個体に同居させている人です。

参考までに、簡易的にセルフチェックができるＨＳＰのセルフチェックリストも用意しました。６つ以上チェックがついたら、あなたはＨＳＰの可能性が高いです。

□集団の空気を読んで、それに合わせるような行動をする
□音・におい・光などの刺激が気になることが多い

- □ひとりになれる空間が非常に落ち着く
- □相手のペースに合わせて疲れることが多い
- □人ごみにいると心身ともに消耗する
- □ほかの人が怒られていても、自分が怒られているように感じる
- □素直な感情を出すのが苦手
- □ちょっとしたしぐさや表情から相手のしてほしいことがわかる
- □物語に感情移入しやすい、あるいは涙もろい
- □小さな変化にもすぐ気がつく

以上、ＨＳＰについてお話ししました。

この本でお伝えするかくれ繊細さん（ＨＳＳ型ＨＳＰ）の行動は、ＨＳＰと同じ特性を持っているとは思いづらいかもしれません。

花のなかには、花とは思えない特性を持つ種類の花もあります。例えば、虫をとって食べる花は、花なのに虫を養分として食べるという、一見、花とは思えない特性を

持っています。けれど、同じ花なのです。

かくれ繊細さん（ＨＳＳ型ＨＳＰ）は、繊細で共感性が高いＨＳＰでありながら、一見それとまったく相容れないように見える「新しいものを求める」「興奮することが好き」「押さえつけられたり見張られたりするのに耐えられない」「退屈を感じやすい」という特性を併せ持っています。これはいわば花のなかの食虫花のような存在である、と例えると、かくれ繊細さんのイメージを悪くするでしょうか（笑）。

次の章では、かくれ繊細さんが、なぜこんなにもぐるぐる思考にはまりやすいのか、なぜぐるぐる思考をやめられないのか、その理由をお伝えしていこうと思います。

第1章

かくれ繊細さんが、ぐるぐる思考になってしまう理由

ぐるぐる思考は「話がきちんと伝わらない」ときに起こる

この章では、人間関係におけるぐるぐる思考がなぜ起こり、そして、なぜ止まらないのかについてお伝えしていきます。

ぐるぐる思考は、本当に伝えたいことが相手に伝わらないときに起こります。

誰かに、本当に伝えたいことが伝われば、ぐるぐるしないのです。

伝えたいことが人に伝わったときって、すっきりとして、すがすがしくさえありますよね。充実感、達成感のようなものを感じることもあります。

例えば、面接の場面で、まだ結果が出ていないのに、面接が終わった瞬間からなんだかホクホクと気分がよく、「いけた気がするなぁ」と思うときは、自分の話したことが面接官に受けたとか、響いたと感じている場面だと思います。面接官から話をよく聞いてもらえたり、身体を揺らして笑ってもらえたり、面接官側から前のめりな質問が出てきて話のラリーが続いたりしたら、「うまく伝えられた」と感じます。

「自分の言いたいことが相手に受け入れられた」と、自分自身は体感しています。

そのとき、「ぐるぐる」が入り込む隙《すき》はありません。

ぐるぐる思考が起こるのは、これと真逆のときに起こります。それは、話が伝わっていない、受け入れてもらえていないと感じたときです。

相手の表情が硬かったり、自分の言ったことが間違って伝わっているのに修正できないままだったり、相手の表情や間合いや言葉から受け入れてもらえていないことを感じ取ったとき、「え……」と戸惑いが生じ、その戸惑いから「ぐるぐる」は始まります。

ぐるぐる思考が始まるとき、脳内では、受け入れてもらえなかった違和感を調整しようとしています。

そして、人が違和感を調整するときは、ふたつの方向で働きかけます。「自分側を変える」か「相手側を変えるか」です。

かくれ繊細さんの場合は、「自分の努力が足りなかったのか」と己《おのれ》を責め、「自分側を変える」を選択しがちな方が多いように見受けられます。そして、必死に相手を笑わせようとしたり、説得しようと働きかけたりして「相手側を変える」（笑わせるとか、納得してもらうとかの）努力もします。これも、自分のなかの違和感をなくそうとする働きかけをしているんですね。かくれ繊細さんは、違和感に敏感なので、違和感をどうにかしようとして、自分や相手に働きかける頻度も高くなるのだろうと考えられます。

この「本心が伝わらないとぐるぐるする」ということには、いくつかのかくれ繊細さんの特性が関係しています。

かくれ繊細さんがぐるぐる思考になる理由①

いつもアンテナを立てているから

かくれ繊細さんは周囲に常にアンテナを張り巡らして、いつも外からの情報を無意

■かくれ繊細さんは、いつも外からの情報を取り込んでいる

非HSP（人口の約80%）　　かくれ繊細さん（HSS型HSP）

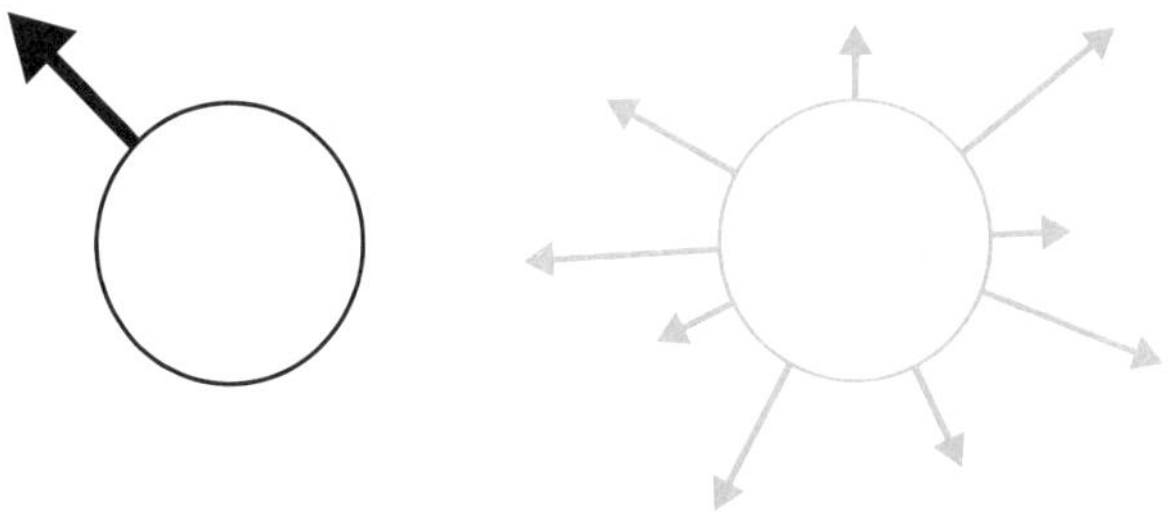

必要なときにそのものに向けて注意を向ける

常時、外に注意を向けて情報収集をしている

識に取り込んでいます。図のように、かくれ繊細さんはいつも外に注意を向けているのです。だから、普通の人は疲れないような場面なのに、ひとりだけ疲れて、休憩（ダウンタイム）が必要になったりします。

ＨＳＰは非ＨＳＰの人に比べて、取り込む情報量が多いため、早い段階で休憩しないと、情報がオーバーフローしてしまうからです。

そして、一度取り込んだ情報を消化していくには、「わかってもらえた」体験が必要なのですが、かくれ繊細さんは、アウトプットしてもなかなか理解してもらえず、消化しきれずに脳内に滞留《たいりゅう》してぐるぐるしてしまうのです。

かくれ繊細さんがぐるぐる思考になる理由②

人の期待に応えようとするから

かくれ繊細さんは、「これは周りに受け入れられるだろうか」と慎重に判断してから発信をしています。発信を読む人の期待になるべく沿おうとするためです。

私は、インスタグラムやブログやメルマガ、ポッドキャストなどで、かくれ繊細さんについての情報を発信していますが、これらも、その情報を受け取ってもらえるように、受け取る側に合わせて発信内容を変えています。「自身がかくれ繊細さんなのかどうかわからないから、かくれ繊細さんとはどういう人たちなのかを知りたい」という方と、「自分の癖はもうよくわかったから、それを実生活に活かしたい。生きやすくなるための練習をしたい」という方では、ほしい情報が違ってあたりまえだからです。

発信内容を間違えると、「なにを言ってるかわからない」とか、「自分にはその情報は合わない」と不快に思われたりする可能性があるので、必然的に内容や使う言葉を変えることになります。

かくれ繊細さんは、コミュニケーションの際に、相手がどう受け取るかを判断する嗅覚を使っています。ですので、コミュニケーションは下手ではありません。

それでも、かくれ繊細さんがぐるぐるするのは、一回ずつ「どう思われるのか」を考えては立ち止まるという特性が強く関係しているからです。

例えば、かくれ繊細さんは、会議の場で、自分が求められている意見がどのレベルのものなのかを見極め、発言の頻度を調整しているかもしれません。

それが企画の内容を決める会議だとしたら、「この部長は、攻めた発言が好きだから、少し積極的な飛ばした発言をしておこうか」とか、「○○さんが作業を担当することになるから、○○さんの作業がそれほど大変ではないというイメージを持っておいてもらったほうが、すんなりと引き受けてくれるだろう」とか、「さっき発言していたリーダーの意見の延長線上にある企画だということを強調しておいたほうが、リーダーが味方になってくれそうだな」と発言内容を相手に合わせて調整することでしょう。

ですが、そうなるとかくれ繊細さん本人はぐるぐるします。

それは、**「他人に合わせたもの」になりすぎるため**です。

自分はどうしたいのか、を二の次にすることに、かくれ繊細さんは慣れています。慣れているとはいえ、自分の思いよりも他者がどう思うかに合わせた企画を進めることにぐるぐるしてしまうのです。

このように、かくれ繊細さんは、自分の発言内容を調整することで、結果、自分のぐるぐる思考を増やすことになってしまったりもするのです。

かくれ繊細さんがぐるぐる思考になる理由③

顔色から察知しすぎるから

かくれ繊細さんは、観察力、洞察力を使って、他人の顔色だけではなく、返答の間合いや雰囲気までを嗅ぎ取って察知します。

相手の出すサインを、話の端々や間合いや、表情の変化などから読み取っていて、相手の顔色や反応から、自分が受け入れられていないないなと感じると、そのことに当惑してしまい、ぐるぐる思考になります。

とはいえ、ほかの人の間合いや雰囲気まで読み取れるのは、かくれ繊細さんに余力があるときです。いつも読み取っているわけではありません。かくれ繊細さんは、情報を読み取りすぎて疲れてしまうと、それ以上読み取れなくなってしまうことも多いのです。

かくれ繊細さんがぐるぐる思考になる理由④

感受性がはみ出しているから

かくれ繊細さんが、ぐるぐる思考になるのは、かくれ繊細さんの「感じ方」が大多数の人たちとズレがあるためです。

これは、たくさんのかくれ繊細さんに、伺った内容を集約して作成した図です。

かくれ繊細さんの感受性が非繊細さんに比べて幅広く、しかも、はみ出しているところがこの図のポイントです。

図の上の大きな矢印が、かくれ繊細さんたちが感じ取っている範囲で、下の小さな矢印が非繊細な人たちの感じ取っている範囲です。

かくれ繊細さんたちがぐるぐる思考に陥りやすいのは、この図の両脇にはみ出ている部分を発信しても、受けとめてもらうことができないからです。持ちあわせていなければ、想像するしかなく、実感としてわかることは、すごく難しいですよね。

■かくれ繊細さんの感受性は、幅広く、しかも、はみ出している

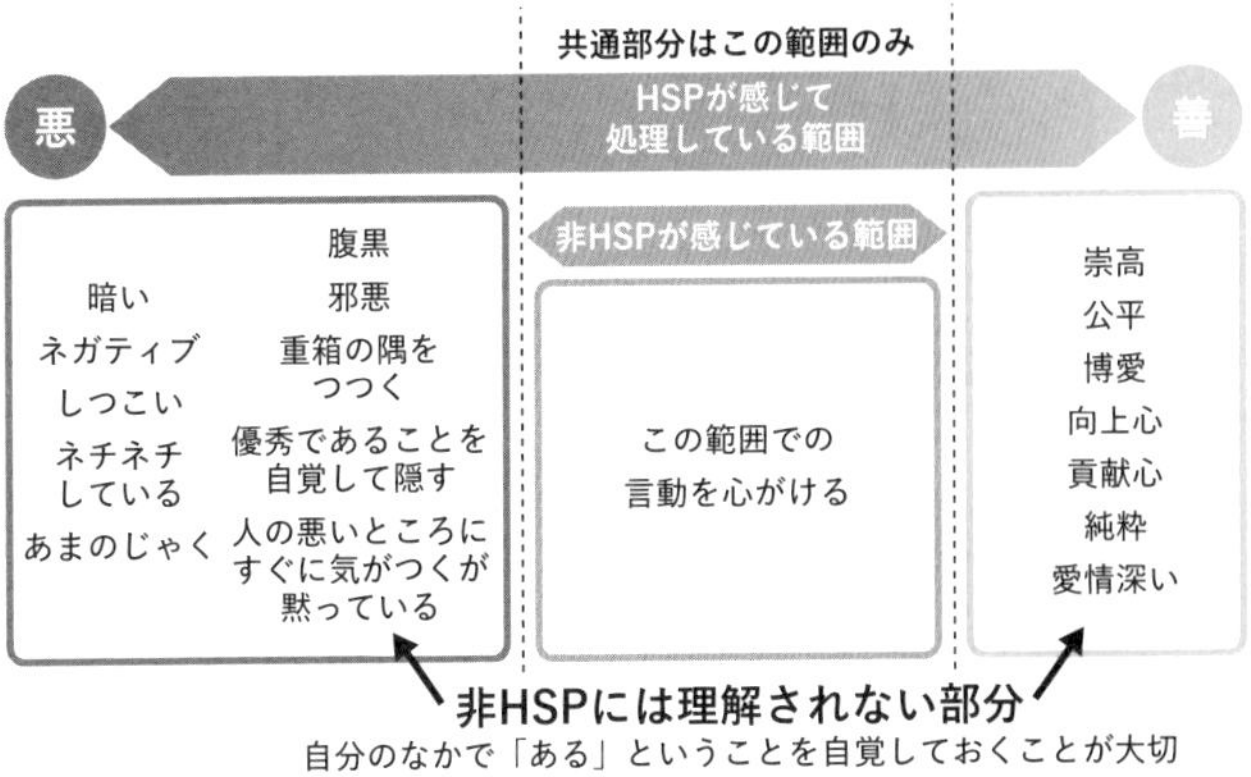

例えば、出産の痛みはスイカが鼻から出るくらいの痛みなどと表現されることがありますが、出産したことがなければその痛みは想像するしかありません。「途方もなく痛いんだろうな」という想像は、現実の痛みとは異なります。

ここで非繊細さんは、はみ出した部分を、ただ単に「持っていないからわからない」にすぎません。はみ出した部分をわかることが「良い」わけでも「悪い」わけでもなく、ただの「違い」なのです。

かくれ繊細さんは、このはみだした部分が一般的な感覚とズレていて伝わらな

いので、ぐるぐる思考が発生しやすいと考えられます。

ちなみに、図のなかで、右端にはみ出しているのは、かくれ繊細さんの過剰なほどの優しさ、公平さ、純粋さ、愛情深さ、崇高さ、誠実さ、公明正大さ、律儀さ、誠実さなどで、左側にはみ出しているのは、過剰なネガティブさ、しつこさ、恨みがましさ、あまのじゃくさ、意地悪さ、怠惰さ、細かさ、ずるがしこさなどです。

たくさんのかくれ繊細さんと深く話をしてきましたが、彼ら彼女らはこの両端の過剰な部分を持ち合わせています。もちろん、自覚のあるなしは人によるので、「私にはこんな部分はない」と思われる人もいるかもしれません。その場合は申し訳ありません。

ですが、仮にあなたが、このはみ出した過剰さを持っているとします。普段はそれが伝わらないから表に出さないようにしています。すると、いつしかそのはみ出した部分を持ち合わせているということを自分で忘れてしまうのです。

忘れてしまっていても、はみ出した部分を、わかってもらうことができないストレスは起こり、ぐるぐる思考になるのです。

　このはみ出した感受性について、かくれ繊細さんは例えば、

「今まではずっと『どうしてわかってくれないの？　私は相手のことがわかるのに、なんであなたはわからないの？』と絶望とあきらめを繰り返してきました。ですが、この図を知ってからは、『なんだ、そもそも相手は認知できないのか。だったら仕方ないな』と思えるようになりました。それを知っただけで気が楽になり、私には、非繊細さんにはそもそも認知できない感情の領域があるということもスポンと理解でき、前向きにあきらめがつきました」

　のように感じているようです。

　最初にこの図を公表してからというもの、かくれ繊細さんの方々には、「いつもなんとなく感じていたことが、図になって目の前に現れたことに、雷に打たれたような衝撃を受けた」という話を伺います。あなたは、この図になにかピンとくるものをお感じになったでしょうか。

ぐるぐる思考はいつから始まる？

いくつか、ぐるぐる思考が起こる理由についてお伝えしてきました。

では、あなたのこのぐるぐる思考は、いったいいつごろから始まったものなのでしょうか？

子供時代のかくれ繊細さんは、最初は自分の感じたことを、他愛なく周囲の人たちに伝えていたと思います。

ですが、あなたの感じ方を「はみだした異質なもの」とみなされると、注意されたり、変えるべきだと直されたりします。すると、かくれ繊細さんは、感じたことを言わなくなっていきます。

注意する側は悪意で言っているわけではないけれど、かくれ繊細さんは自発的に、自分の感じたことは言わないほうがよいのだと悟り、感じたことを引っ込めていくのです。

子供は、大人ほど語る言葉を持っていません。

ましてや、自分の感情を分析することもできないし、心理学だって知りません。

だからこそ、子供時代のかくれ繊細さんは、「自分が本当に感じたことを言うのをやめ」ます。そして、だんだんと「自分の感じ方そのものを肯定できなくなり」、ついには「自分の感じ方そのものを、修正すべき間違ったもの」と考え始めるのです。

幸いにも、家族があなたの独特の感性を否定せずに受け入れてくれている場合、ぐるぐる思考の始まりはもっと遅かったり、進行が緩やかかもしれません。ですが、あなたの考えることを他人から受け入れてもらえないと感じる大きなショックは、人生のどこででも起こりえます。

ぐるぐる思考が始まるのは、人によってごく幼い幼児のころだったかもしれませんし、社会に出てからだったり、結婚してからだったり、子育てをし始めてからだったりと、その人の置かれた環境によりまちまちなのです。

ぐるぐる思考を止められないと、新しいことに挑戦しなくなる

私もときどき、気持ちがつらいことがあります。

例えば、絶対に成功すると思っていたのに、予想に反して期待通りにいかなかったりしたときに、「なぜうまくいかなかったのだろう」とその理由をずるずると考えつづけたりします。この状態は、かくれ繊細さんにとってとてもつらいですよね。


すると、かくれ繊細さんは、なにかに挑戦するかどうか迷ったとき、「今度はやらないでおく」ようになります。


ぐるぐるしてしまうのはつらいからです。

なにかに挑戦しようとすると、初対面の人たちのなかに混じることになります。このようなとき、かくれ繊細さんは、特にぐるぐるしてしまいます。

特に、なじみのない場所に行ったりしたときには、ぐったりしてしまいます。

非ＨＳＰであれば、「自分は今日初めてなんですが、どうしたらいいですか？」と

気にせず周りの人に聞きまくれるかもしれませんが、かくれ繊細さんは聞いてもよさそうな人を選ぶだけで神経を研ぎ澄まして、くたくたになります。

そんな状況を想像するだけで疲れるので、かくれ繊細さんは年々「行かなくていい」「やらなくていい」を選択しがちになります。

かつては10していた行動量が9になり、8になり、6になります。本人が気づかないくらい長い時間をかけ、だんだんと行動を起こさなくなるのです。ぐるぐる思考に陥りたくないあまりに、行動を回避していきます。

このように、ぐるぐる思考に対処できないままだと、どんどん「ぐるぐるしそうなこと」に挑戦しなくなってしまいます。

かくれ繊細さんは本来、好奇心、探求心の塊のような人たちです。それなのに、こうした状況は、その特性を生殺しにします。

もし、ぐるぐるしないとわかっているならば、どんどんいろいろなことを試してみたいのに、「ぐるぐるするのが面倒」「ぐるぐるをどう抑え込んだらいいかわからない」「ぐるぐる考えて、凹むのが怖い」という理由で、取り組むことそのものをやめてしまうのです。

そして、「年だから」「○○で忙しいから」「周りに迷惑をかけるから」「いい大人がそんなことをするのはおかしいから」などと理由をつけて、さらにぐるぐるさせているかもしれません。

ぐるぐる思考は、自分で止められる

もちろん、「ぐるぐるしそうなことをしないで生きていく」のも賢いやり方です。

ですが、もうひとつ解決法があるんです。

それは、「ぐるぐる思考を自分で止められるようにする」ということです。

ぐるぐる思考を、自分で止められれば、挑戦したくなることに怖気づいても、ぐるぐるしないので、「やってみよう」と1歩踏み出す確率は上がります。

実際、私がそうでした。ぐるぐる思考を止める方法を知るまでは、新しいことをしようとするたびに自分のぐるぐる思考にぶつかり、年々内向きになっていました。

でも、ぐるぐる思考を止められるようになってからは、「もしかしたら、時間をかければできるかもしれない」と思えるようになり、人生の残り時間を消化試合ではなく、やり残しなく生きる確率が上がりました。自分の「やりたい」気持ちを空回りさせずに済むようになったのです。

もちろん、新しいことに挑戦してみると、うまくいくことばかりではないので凹むこともあります。そういうときでも、「もうこんな思いをしたくないから、挑戦すること自体が間違いだった」と思うことはなくなりました。

ぐるぐる思考を止めるということは、「やらないで後悔するより、やってみようかな」と思えるようになるためのスキルであると言えます。

ぐるぐる思考は誰でも必ず止めることができます。このことは、第3章で詳しくお伝えしていきます。

あなたもぜひ、ぐるぐる思考の止め方を身につけ、この先の人生を消化試合ではなく、やり残しなく生きられるようになっていただければと思います。

理解されると、ぐるぐる思考は終わる

この章の最後に、かくれ繊細さん専門カウンセリングを受けた方たちの声をご紹介しましょう。

「時田さんとのセッション後、人からこんなに受け入れてもらったのは初めてだと思い、そのあと余韻に浸ることができました」

「人にここまで自分のペースで話せたことはなかなかなかったので、ホッとしました。今まで自分の感情を人と共有することもなかったのですが、時田さんに自分のことを

話せたので少し肩の力が抜けたような気がします」

「占いやほかのカウンセリングも受けましたが、対策や答えは頭ではわかっても、心から悩みがなくなることは今まではありませんでした。そのことが理解してもらえてうれしい気持ちでした。帰り道は晴れ晴れした気持ち（身体が緩んでる感じ）でした」

「自分のなかで様々な感情が起きたときに、その感情を放りっぱなしにせず、共感したり、同意したりしています。今までは、これがなかなかひとりではできませんでした。できるようになったら、ぐるぐる思考が短くなった気がします」

かくれ繊細さんは、他人から理解してもらえたと感じると、心の「凪《なぎ》」が訪れます。

他人から本当にわかってもらえると、身体の力が抜け、ぐるぐるしなくなるのです。

あなたがこれまでぐるぐるしていたのは、わかってもらえないからだったのです。

第2章

あなたのそのぐるぐる思考は「才能」です

かくれ繊細さんは、自慢できる能力を持ち合わせた才能あふれる人たちです。

ところが、才能があるにもかかわらず、ぐるぐる思考によってせっかくの力を活かせなくなります。

すると、「こんなことは誰にでもできる。才能なんかじゃないかもしれない」と、才能の優位性を疑い始めてしまいます。才能が形になる前に、自分でつぶしてしまいかねないのです。

ぐるぐる思考につぶされてしまう前のあなたの才能を知り、受け入れると、ぐるぐる思考を起こしづらく、止めやすくもなります。ぐるぐる思考を止めて、才能を活かし、後悔しない人生を送るために、まず自分の才能について知っていきましょう。

才能①

かくれ繊細さんは、周りの状況や気持ちを感じ取る力がすごい

これは、かくれ繊細さんの代表的な才能のひとつです。

周りの状況を、スポンジのように吸い取ります。

ほかの人の感情や考えなどに自然と気づき、他人の小さな思いやりに強く感動し、人が怒られたり、つらい立場に立たされていたりすると、それが自分のことのように感じてつらくなります。

また、人が気づかないような音や、におい、気配に気づく力もあります。第六感や直感が強い方もいますが、表には出さないようにしていることが普通ですし、本人が自覚していないことも多いようです。感受性は誰でも持ち合わせていますが、かくれ繊細さんの感じ取る力は特に強いのです。

例えば、太平洋戦争に関する展示を非ＨＳＰのご友人と一緒に見たかくれ繊細さんは、ご友人との感覚の差をまざまざと感じたそうです。

かくれ繊細さんであるその人は、兵隊さんたちの手紙や写真、看護師の手記を見ただけで、その当時の現場にいるような臨場感を持ってしまいました。

けれども、非ＨＳＰのご友人はそうではなかったのだそうです。同じものを見ているのに「昔はこういうことがあったんだねぇ」という他人事のようなとらえ方をしており、自分との受け取る熱量の差には驚きしかなかった、と報告してくれました。

つまり、かくれ繊細さんは、意識しているわけではないのに、勝手に共感してしまうのです。

その人は、このとき「初めて、非ＨＳＰとの感じ方の違いがわかった」と報告してくださいました。自分と友人とを、これまでは「違う」とは思っていなかったけれど、かくれ繊細さんの共感力の高さを知ったら、その違いがはっきりと感じられたのでしょう。

かくれ繊細さんは周囲の情報を、息を吸って吐くのと同じくらい〝自動的に〟感じ取っているのです。

また、かくれ繊細さんの「周りの状況や気持ちを感じ取る力」は、別の言い方では「直観力、ひらめきが強い」、「異変や異常を早く察知できる」と言い表されることがあります。「炭鉱のカナリヤ」という表現を、聞いたことがある方も多いでしょう。この表現もＨＳＰの特性として紹介されることがあります。

この能力を持っていてつらいのは、すぐに感受性の容量がキャパオーバーになることかもしれません。周りの状況や気持ちを感じ取りすぎるので、感受性の容量がすぐに埋まって余裕がなくなり、せっかくの感受性を持て余してしまいます。

才能②
かくれ繊細さんは、本質を見抜く力がすごい

かくれ繊細さんが人事権を持っていたら、適材適所な人材配置ができるのではないかと思うことがよくあります。それは、人の本質的な力を見抜く力があるからです。

良くも悪くも、人の顔色や雰囲気や声の出し方など、わずかな情報から人の状態を

察知する力に長《た》けています。人の小さな表情の変化や行動の違い、それにその人の緊張感や心配ごと、喜怒哀楽や、人の適性を見抜けたりします。

そして、本当はこんな人だろうな、とか、本当はこう言いたいんだろうな、という本心をも、ごまかしや嘘なども含めて見抜くことができます。

私はかつて個人で店舗を運営していたときに、アルバイトさんやパートさんたちを雇用していました。

私の運営していた店は、町の個人商店でした。接客の感じのよさと誠実さが肝《きも》なので、尊大な態度をとる人は適していません。

履歴書の自己ＰＲには「自分は接客が得意です」と書かれているのに、全体の履歴書の書き方で尊大っぽい雰囲気が見え隠れしている人もいましたが、履歴書に書かれていることとその方のなにかが「一致しない感じ」がわかりました。

私がその不一致感を見抜けたように、かくれ繊細さんも「本人が自分をどう見せたいのか」と「本当の人物像」の違いがわかるだろうと思います。

かくれ繊細さんは、そうした人の本質を見抜く自分の力に着目してみてください。さらには、本質を見抜く力がほかの人たちにあるかどうかも観察し、自分と比較してみるとご自身の能力を把握しやすいでしょう。

そして、かくれ繊細さんは「本質が好き」です。本当のところはどうなのかを知りたがるのです。

表面のキレイな部分だけではなく、その裏側の仕組みや因果関係を知って納得したいのです。

密度の濃い生きた情報に興味があると言えます。

かくれ繊細さんは、このような「本質」にたどり着くと、心から納得しますし、本質を探り当てることは、かくれ繊細さんの大いなる喜びにもつながっています。本質を知るために試行錯誤しているうちに、その分野のエキスパートになっていた、なんてエピソードを持っているかもしれません。

でも、本質を見抜き、探求する才能は、自分を追い込み、ストイックになりすぎるという欠点を併せ持っています。

人の本質を見抜いてしまうからこそ、自分にも厳しいルールを課してしまうのです。例えば、「勝って兜《かぶと》の緒を締める」とか、「難しいほうを選択するべきだ」とか、「人に優しく自分に厳しく」などを信条にしたりします。

才能③ かくれ繊細さんは、目標に向かって進む力がすごい

次のかくれ繊細さんの才能は、「目標に向かって進む力」です。

かくれ繊細さんは、一回ゴールを設定すると、工夫しながらグイグイとものごとを進めていく力があります。

私も先日、くしくもそれを明確に体験する機会を得ました。

かくれ繊細さんが、いわゆる「火事場の馬鹿力」を発揮する場面です。

私は、息子たちの卒業した小学校で先生方をサポートする役割を引き受けています。

あるとき、小学校の学習の一環として、地域の商店にご協力いただく必要がある案件についてお手伝いすることになりました。地域の個人商店に、協力を要請する橋渡し役です。

私はこういった交渉ごとに抵抗がないキャラクターと思われやすいのですが、実のところはそうでもありません。誰かになにかを頼むことに不安になり、ぐるぐる思考が始まって怖気づいてしまいます。「商店の人に迷惑がられたらどうしよう」「協力したくないというお店には頼みに行きたくない」「怒られないようなお店に声をかけよう」と考え込んでしまうのです。

その一方で、子供たちや、先生方の役には立ちたいし、重要な役割を担っているという責任感も強いのです。だから、もちろん交渉はするつもりだったのですが、直接

■かくれ繊細さんは、火事場の馬鹿力で最後に帳尻を合わせる

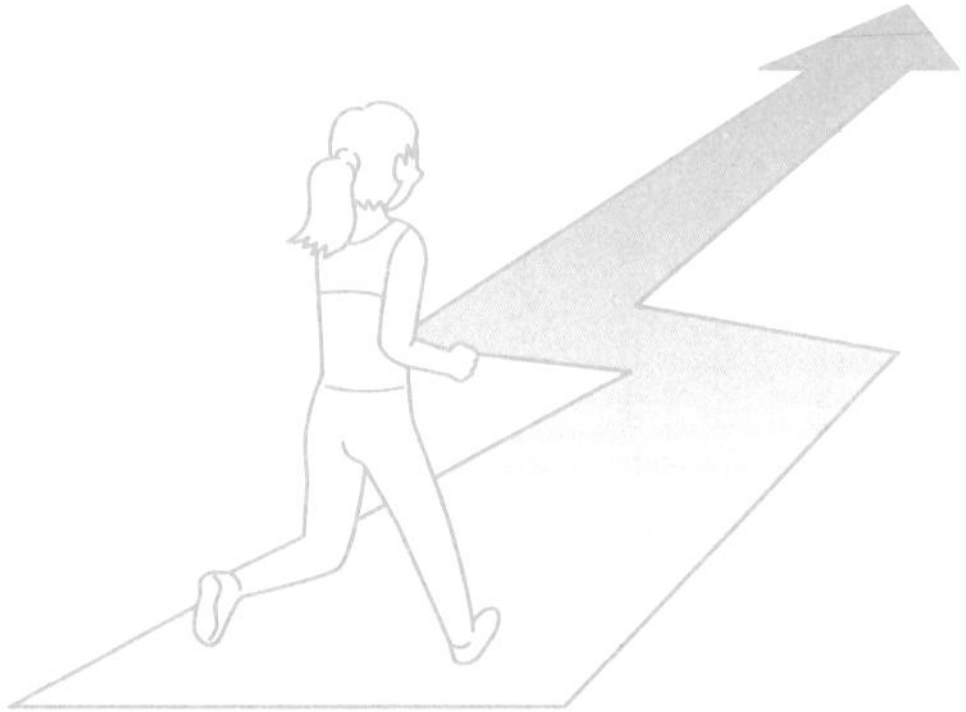

かくれ繊細さんは、ゴールの日時までに形にすることへの向き合い方が超集中型で、走り出しは遅いが、最後には帳尻を合わせる

お店とやりとりをすることに、最初、気後れしていました。

ですが先生方をこれ以上待たせるわけにはいかないと腹がいきなりすわったら、それまでぐるぐるしていた「どうしよう」「できないかも」という気持ちもなくなり、超高速で約束をとりつけていました。知り合いや、ママ友で地元の店を経営している人に連絡しまくり、学校近くの商店街に飛び込んでお願いしまくったのです。こんなことなら、もっと早くから取りかかればよかった、と思いました。

かくれ繊細さんが、このような火事場の馬鹿力を発揮できるのには、いくつか条件があります。

期限が決まっている

期限があるということは、誰かに注視されているということです。

「締切のない仕事は完成しない」という言葉がありますが、かくれ繊細さんにとって締切は超重要です。締切があるからこそ、火事場の馬鹿力が出せるのです。

ただし、あまり期日が先すぎるとダレてしまいます。「まだ、取り組まなくて大丈夫」と脳内で残り時間を計算してしまうためです。かくれ繊細さんは、期限まで指で数えられるくらいになると、カウントダウンにより行動を開始します。

私は「焦り指数」を気にするというやり方でこの力を利用しています。期限の何日前だと自分がどのくらい焦るかをもとに、作業のめどを立てるようにしています。

私は大学時代に心理学の実験をしてレポートを書く授業がありました。このころは、焦り指数が強くなってからレポート作成を開始していました。でも、焦り指数が高くなってから始めると、期限に間に合わせようとして気持ちばかりが先行してしまい、内容を十分に吟味することができません。ならばもっと早くから始めればいいのに、焦り指数が低いとやる気が起こりません。

こういう場合、私は焦り指数が低いうちにできることをやるようにしていきます。あらかじめ資料を手元に取り寄せたり、資料を取りに行く場所への交通機関を調べたり、あるいは、思いついたメモを作っておくとか、参考になりそうなサイトを特定のフォルダーに入れておく、といったことをしておきます。こうした些末なことが事前にできていると、焦り指数が高まったとき、アドバンテージがあるので焦らずに内容を吟味する余裕を持てるのです。

期限が決まっていると火事場の馬鹿力は出るのですが、その力を出すための準備もかくれ繊細さんはしておくことをお勧めします。焦り指数が低いときにやっておいたことが、全体の完成度を高めてくれるのです。

もしやらなければ、誰かに迷惑をかけてしまう

かくれ繊細さんは、誰かに迷惑をかけることにとてもナーバスです。

そのため、迷惑をかけたくない人がいると、その人が成果達成のための重石《おもし》になってくれます。

これらふたつの条件がそろうと、かくれ繊細さんは、目標に向かって進む力を発揮します。もしこれらの条件がなかったら、だらだらと後ろ倒しをしつづけてしまうかもしれません。

多くのかくれ繊細さんたちが、なかなかやる気にならないが、どうコントロールしたらよいだろうかと悩んでいると、セッションでもたびたび話されます。

目標に向かって進む力を発揮できているときは、ぐるぐる思考になりづらいです。能力を活かせるよう、ぐるぐる思考をコントロールしていきましょう。

才能④ かくれ繊細さんは、今あるものをよりよくする力がすごい

かくれ繊細さんは、「あれ？」と違和感を覚える頻度の高い人たちです。

道端ですれ違った人に違和感を感じたとき、一緒にいる人に「ねえねえ、あの人って」と気づいたことを伝えても、その人は一緒にいるのにまったく違和感を持っていなかったため、会話がそこで終わってしまったという経験をしたことはありますか？

私も「どうして見えていないんだろう。あんなに違和感があるのに」と不思議に思うことが多かったのですが、些細な違和感に気づくことは、31～32ページでご紹介したＨＳＰの4つの特性（ＤＯＥＳ）のひとつなので、驚くようなことではないのです。

かくれ繊細さんは、たくさんのことに気がついています。

そして、違和感を持っています。

- ドラマや物語のわずかな伏線から、結末を予測できる
- テレビで見るタレントさんの体調や心の状態が、話のトーンや表情や、間《ま》のとり方でわかる
- 人にものを教えるときに、その人がなにがわからないのかを見抜ける

などは、ちょっと違和感を感じることと関係がありそうです。

このように違和感を覚えることが多い上に、効率が悪いことが苦手で、改善をすることに躊躇《ちゅうちょ》がないため、「違和感のある現状を改善して、違和感のない状態にしたくなる」ようなのです。

社会心理学に「認知的不協和」という概念がありますが、これがまさに、「違和感で気持ち悪い」という状態のことで、かくれ繊細さんは認知的な不協和を、なんとか協和な心地よい状態に戻したくて、「今あるものをよりよくする力（改善力）」を発揮するのではないかと思っています。

認知的不協和は、大小様々な場面で感じます。

小さな例としては、玄関の靴がバラバラにおかれているのを直してきれいに並べたくなる、といった衝動です。大きな例としては、職場や組織の大変革につながるような事例もあります。

私が修正したかった違和感・不協和のひとつに、子供の通っていた小学校のＰＴＡの役員決めがありました。学級の35人のなかの保護者会に出席している人たちで、その年の役員を数人決めるというやり方が毎年繰り返されていますが、すんなり決まらなくて辟易《へきえき》する例年行事です。あるとき、そのやり方を、「全校保護者全員で、まんべんなく役割を賄《まかな》う」という、私としては「協和」と感じる方法に変えたのです。その結果、全員に公平に役割を割り当てることに成功しました。

これは自分の違和感を現実的な改善に変えた一例ですが、あなたは、ご自身の違和感を「協和」な状態にしたくなると感じることはありますか？

この能力の落とし穴としては、この違和感を感じすぎるからこそ、ぐるぐるしてしまうということです。

不協和な状態を改善することのメリットをうまく人に伝えられなくて、ぐるぐる思考が止まらなくなってしまったり、改善のメリットを理解しない人たちに対して「え？　なんでわからないの？」といら立ったり、茫然《ぼうぜん》としたり、がっかりしてしまったりします。伝わらないことにがっかりしてモチベーションが落ち、途中で改善することをやめてしまったり、その組織から離れたくなったりします。

自分の違和感を元に状況を改善するのはよい面もあるのですが、かくれ繊細さんは自分のなかに湧き上がる改善欲を押し出しすぎて周囲から浮いてしまい、その結果、組織や社会から「面倒な人」と思われてしまうことがあります。

ですので、違和感を修正する場合には、「周囲の反応を見つつ」改善案を推し進めていくことをお勧めしたいと思います。

そうすれば、「今あるものをよりよくする力」をうまく活かしやすくなります。

才能⑤ かくれ繊細さんは、社会適応力がすごい

かくれ繊細さんの持つ社会適応力は、過去の失敗を元に形成されています。

例えば、忘れ物をして、叱られて恥ずかしい思いをした経験から、忘れ物をしないように何度もチェックし直すようになったりします。かくれ繊細さんは、カッコ悪いことで目立つこと、誰かに注目されることを特に嫌い、悪目立ちしないように「常識的」になります。他人の目線に〝教育され〟つづけた結果、このような常識的社会適応力を身につけるのです。

かくれ繊細さんは、最初から常識的なわけではありません。だんだんと常識力をつけていくのです。

私の20代は恥ずかしい失敗だらけでした。大事な会議で寝てしまったり、知ったかぶりをしてそれを指摘されたり、大げさなことを言って疎まれたり、会社全体を敵に

回すような発言をしたり、仕事上の伝達が雑で「時田さんとのやり取りは慎重にやりたいと思う」とはっきり言われたりもしました。はぁ。思い出すとたくさんの方にご迷惑をかけてきました。ですが、その分、社会適応力を身につけてきたはずです。

また、自分の失敗から学ぶのと同様に、他人が傷ついたり、恥ずかしい思いをしたりしているのを見て、そうならないように自分を戒めることで、社会適応力を身につけてもいます。

例えば、誰かが遅刻して先生に叱られているのを見て、かくれ繊細さんは「もしあれが自分だったら耐えられない」とぞっとします。遅刻したその当人は、まったくそのことが身に染みていないのに、感受性の高いかくれ繊細さんのほうが「遅刻はしないように気をつけよう」と強く心に決めたりするのですね。

他者をよく観察し、共感性の強いかくれ繊細さんは、このようにモデリング（他者を観察し真似ることで自分のものにする学習パターン）による学習にも強い人たち、と言えます。

この社会適応力は、45ページの図でご紹介したかくれ繊細さんが持ち合わせている「はみ出した部分」を引っ込める力とも言えます。

かくれ繊細さんは、「非ＨＳＰさんの常識」に合わせられているかどうかを推し量りながら、自分が常識的であるかどうかを確認しています。そのため、社会適応力が高くなっていくのです。

かくれ繊細さんは、ポイントをつかむのが早く、真似をするのが得意なので、社会適応度を高めることに、その観察力と共感力が役立っていると言えます。

この能力の落とし穴としては、常識にしばられすぎてしまうということです。はみだした感受性を出さないように気をつけるために、「常識的な範囲」に目を光らせていて、それを自分の行動の基準としています。

そのため、常識から外れた行為をしている人に厳しい目を向けてしまいがちです。「常識的でない行動を取る人」が気になってぐるぐるしてしまったり、常識的とは言えないのに評価が高い人に対して否定的な感情が湧いてきて反抗的・挑戦的な気分がつづいたりします。ほかにも、常識的な行動を取れない自分を過度に否定したり、常識的な他人を強く意識しすぎて自分の気持ちを見失ったりと、様々な影響が出ます。

そういう点が、かくれ繊細さんのこの能力の落とし穴になりやすいかと思います。

■才能⑥
かくれ繊細さんは、悔しさをばねにする力がすごい

かくれ繊細さんは、自分と近い境遇にいる他者の成功を見るのが苦手です。

その人が、誰かにほめられているのを見ることも苦手です。

かくれ繊細さんは、そうした他者と自分との比較を、ごく自然にしています。

他者の様子をとらえ、自分と比べ、そして次の瞬間には、相手と自分との差にショックを感じても、「負けた」の判定をしたくないのでショックを受けていないようにふるまいます。そこまでが一瞬です。

その際に「いやいや、そんなはずはない。自分も〇〇では勝っている」とその感情を打ち消してみたり、「こんなふうにとらえるのがダメなんだ。がんばれ！」と自分を叱咤激励《しったげきれい》してみたり。かくれ繊細さんは、こうした一連の流れをするりと経て、悔しさに負けないようにしているのです。

テストの成績や、仕事の出来具合や速さ、、営業の成績、上司からの言葉掛けの違いなどを比較することはもちろん、ＳＮＳやＬＩＮＥを使っているときに誰かの投稿を見て気持ちが苦しくなったりするのも、自分と他人との比較から生まれます。

道を歩いているときでも、見ず知らずの他人の服装や髪型、化粧の仕方、ファッションセンス、背の高さ、体形、持っているもの、歩き方、連れている人などの属性などに着目し、「比較」へと向かいます。

特に、自分が自信のある部分であればなおさら、見ず知らずの他人と自分を比較して「勝った、負けた」、あるいは「優れている、劣っている」のように評価をしています。センスに自信がある人は他者のセンスに目が向きやすく、知性に自信がある方は他人の知性を、人に好かれることに自信があるなら他者の人気ぶり（SNSの「いいね」の数など）に無意識に注目して比較しています。

かくれ繊細さんが人混みを歩くと疲れるのは、人のエネルギーを取り込んでしまうということと並んで、この「比較疲れ」も大きい理由であると考えています。

比較の元にあるのは、かくれ繊細さん共有の「負けたくない」という強い気持ちです。

かくれ繊細さんは、「勝って喜びたい」というよりも「負けて悔しい思いをしたくない」という悔しさを回避する欲が強いように思います。それは負けて悔しかったときに感じた猛烈な体験が過去にあり、その体験を回避したいためではないかと考えます。

負けて悔しい思いを回避するために、負けないように「自分を奮起」させて行動する、そんなかくれ繊細さんも多いと思います。

だから、かくれ繊細さんはとても負けず嫌いで努力家です。

そして、前述の通り、奮起すると、ものすごい集中力を発揮します。

ただし、ここで見逃してしまいがちなのが、「勝ってうれしい」のほうの気持ちです。１２０％やれたのに「なぜ１２５％やれなかったのだろう」とさらに上を目指し、鼓《こ》舞《ぶ》しようとするのです。これをやっているかぎり自分を肯定することはできませんので、かくれ繊細さんは、勝ったと思ったときにきちんと喜ぶことを心がけてみてください。これだけでも、生きやすさが違ってきます。

先日、「負けず嫌い」という言葉に猛烈に反応する方のセッションをしました。その方は、「負けず嫌い」であると思われたくないので、見た目や話し方は非常におっとりとしていらっしゃいます。そして、よく笑います。

けれども、セッションが進むにつれて、その笑い方やおっとりとしたしぐさが「負けず嫌いな自分を見せないため」であるとわかってきました。本当は、負けることが猛烈に悔しく、負けるといてもたってもいられなくなるのです。

このように、「負けず嫌いであるにもかかわらず、負けず嫌いであると思われたくない」かくれ繊細さんは、周りと自分とを比較して自分を奮い立たせ、ガツガツと勉強し、一心不乱に力をつけるための超集中モードに入りますが、それを絶対に外には見られないようにします。そのため「隠すためのエネルギー」も余計に必要になってしまい、猛烈に疲れてしまうのです。

ところで、この「悔しさをばねにがんばる力」については、年齢によって変化することについて、お話ししておかなければなりません。この力は35歳くらいを境に変化を見せます。35歳よりも前は他者に負けている悔しさをばねにして努力し、行動に変換していく傾向が強いようです。

ところが35歳を超えたころから、同じかくれ繊細さんでも、奮起するのではなく「もういいよ、どうせダメなんでしょ」のようにひねくれる方向に行きがちです。

これまでに何度も努力して取り組んできたのに、思ったように結果が残せなかった。その悔しさが、痛い経験として本人のなかに残っているためです。その悔しさを再び味わいたくなくて、「もういいよ」とへそを曲げてしまいやすくなります。さらに、40代以上は肉体的には衰えますから、「年のせいでやる気がなくなってきたんだ」と理由づけに力を注いでいくかもしれません。

ですが、他人と自分とを比べて起こるぐるぐる思考を止めることができれば、年齢に関係なく、くやしさを解消してまっすぐにご自分の人生の課題に向き合いつづけることができます。

「若いころ（おもに30代以前のことです）は奮起できたのに、もう最近ではできなくなってしまった。あの奮起力があれば、今からまだやりたいことができるのに、どうしたらいいのだろう」と考えてらっしゃる方は、ぜひ次の章で紹介するワークをためしてみてください。

かくれ繊細さんが、自分の才能を認めづらいのには理由がある

この章で紹介させていただいたかくれ繊細さんの様々な才能は、かくれ繊細さん自身は「そんなことが才能なの？」「普通にみんながやっていることなのでは？」と、

普段思いこんでいることばかりだったかもしれません。

自分の才能を正しく理解していれば、それを活かすチャンスは拡大します。

なのに、かくれ繊細さんは、ご自身の才能を正しく理解していないのです。

これは、「自分の才能を見せたがために疎《うと》んじられた経験」が関係しています。

例えば、かくれ繊細さんは、自慢していると思われないように、学校で答えがわかっていても手を上げなかったり、テストの解答がわかっているのに答えを書かずにわざと少し点数を低くするといったことがあります。

こうした行為はおそらく、以前に才能（例えば勉強ができること）を人に見せて嫌な思いをしたことが原因です。嫌な思いをしたくないのです。

なんとか才能が目立たないように工夫した結果、ほめられると強く謙遜《けんそん》する癖がある方は多いと思います。

かくれ繊細さんは才能があるということを認められたい一方で、「二度と人に知られてはならない」と胸の奥底にしまいこんでしまうのです。

かくれ繊細さんは、才能があっても生きやすくならない

ここまで、かくれ繊細さんの才能や強みに触れてきました。ものごとを深く考えることができるとか、洞察が深いとか、人に共感できるとか、他人がなにをしてほしいかがわかるとか、状況をすばやく察せられるとか、あげだしたらキリがないくらいＨＳＰ特性は才能に満ちています。

にもかかわらず、苦しいのです。

こんなに才能にあふれているのに、その才能をぐるぐる思考で止めてしまうのが、かくれ繊細さんなのです。

つまり、ぐるぐる思考をコントロールすることができれば、その才能を活かす可能性は広がります。

そこで、次の章からは、あなたが本当に求めていることにたどり着くために、ぐるぐる思考を抜け出すための様々なワークを実践していきましょう。

第3章

ぐるぐる思考を抜け出すための方法

［基本編］

ぐるぐる思考はわずらわしい。止めたいですよね。

この章では、かくれ繊細さんの複雑なぐるぐる思考から抜け出す方法をお伝えします。

ぐるぐる思考にはふたつあって、そのそれぞれに対処法が異なります。

まず、ふたつのぐるぐる思考とはどんなものかを区別しておきましょう。

ぐるぐる思考には2種類ある

ぐるぐる思考には2つの種類があります。

「過去型」と「未来型」です。

「過去型ぐるぐる思考」は、特定の場面を思い出しては、それを脳内で再生してしまうことで起こります。

言葉やふるまいを誤解されたときや、相手から口ごもられてしまった場面や、困った顔をされてしまったとき、それから、なにか注意されたり、叱られたりしたときは、この場面が何度も何度も脳内に現れつづけます。

例えば、こんな場面がぐるぐるしてしまうことがありませんか？

「自分の発言のあと、誰も反応しない『間』があってから、何事もなかったかのように会議が進行しつづける」という場面、あるいは「うっかり調子に乗ったとき、皆が自分をあざわらった」場面など。

そんなときは、脇の下に冷たい汗をうっすらとかくと思います。

顔面は硬直し、身体は固まっているのに、脳内のその映像は止められないまま、その場面を見つづけてしまっている状態になることでしょう。

「ポリヴェーガル理論」という、過去の出来事を解釈する新たな概念があります。

ポリヴェーガル理論で言えば、過去の出来事が何度も想起されるのは、身体感覚がその場面を再体験してしまうことで、脳内にその場面が再現されるとしています。

勝手に脳内で繰り広げられてしまうので、止めようにも止まらないこのぐるぐる思考を、私は「一人反省会」とも呼んでいます。

一方の「未来型ぐるぐる思考」とは、考えが一周回って堂々巡りになるものです。

結論を出したいのに、出せない。未来型ぐるぐる思考は、仕事や、転職や、お金や、自分の今後の人生について考えるときに出てくるぐるぐる思考かと思います。「ジレンマ」のように言うこともありますね。

例えば、「転職したい」と考え始めても「自分はなにがやりたいんだろう」→「次の仕事は、今よりもやりたい仕事につきたい」→「そのためには、○○ができたほうがいい」→「じゃ、今からそれを習得しよう」→「習得するための費用がない」→「習得するために、もっと今の仕事で稼げるようになってからでないと」→「今の仕事で稼げるようになったら、転職する意味がなくなるのでは?」→「このまま、この職場に定年までいることを考えるとツライ」→「ならやっぱり、今転職しよう」というように、一周して、また元の「転職したい」に戻ってきてしまいます。

そのとき、さらに、「急がないと、もうすぐ転職限界年齢になってしまう」のように自分を急《せ》かし、追い込む考えを伴うことが一般的です。

いくら考えても結論に至らないのです。しかも、焦るので、余計につるつるすべって地に足のついた結論が出なくなります。

この未来型ぐるぐる思考は、一周して戻ってきてしまうので、いくら考えても、考えれば考えるほどそういうふうに考える自分を否定するしかなくなるのがつらいところです。本当は自己否定などしたくないのに、自己否定に至るという矛盾に陥るのです。

このように、ぐるぐる思考は、ふたつの種類があり、それぞれにわけて考えると圧倒的に扱いやすくなります。

まずは、未来型ぐるぐる思考の止め方から見ていきましょう。

未来型ぐるぐる思考は、こんなふうに起こる

まだ見ぬ未来のことでぐるぐる思考に陥るとしたら、こんなふうではないでしょうか。

誰かとおつきあいしたいとします。

○○さんかわいい（かっこいい、素敵だな）。つきあいたいなぁ。

友人としては、嫌われてはいないと思う（可能性をさぐる）。

告白したらいいのかな？（告白する場面を想像）

いやいや、どこで告白したらいいんだ？（いったんストップがかかる）

だいたい、すごくしどろもどろになってしまいそうじゃないか（具体的なイメージをちらっと想像する）。

呼び出すか？　いや、それはだいぶ白々しすぎるだろう（またストップがかかる）。

だったらＬＩＮＥか？　ＬＩＮＥで好きって言ってしまえばいいのか？（別の方法を思いつく）

いやいや、こういうことは、ちゃんと面と向かって伝えるべきことじゃないか（再度ストップかける）。

もし、つきあえたとしても、相手に「なんでＬＩＮＥで告白してくるの？　普通、面と向かって言うもんじゃない？」と言われたら嫌だしな（その方法をとったときのデメリットを想像することによって、恥ずかしかったり怖かったりといった感情を自分のなかから排除しようとする）。

うーん。告白はまだダメだな。もう少し気持ちが固まってからにしよう（いったん告白する場面は脳内で白紙になる）。

でも、○○さんにつきあっている人がいたらどうしよう（別の角度からの思いつき）。

そしたら、告白してる場合じゃない。つきあってる人に「告白してきた人がいて」なんて話されたら、たまったもんじゃない。恥ずかしすぎる（そのときの恥ずかしい自分を想像）。

それに、○○さん、友達ではあるけど、自分のことを異性として好きじゃないかもしれない（自分のなかでの告白しない理由をさらに追加）。

もしそうだったとしたら、一度告白してしまったら二度と会えなくなるんじゃないか（恥ずかしさ、怖さだけではなく、さびしいという別の味わいたくない感情も味わう危険性があると考え、さらにストップしたくなる）。

だったら、このまま友達のまま仲良くしているほうがましなんじゃないか（告白するという線がまた消える）。

いや、でもやっぱり、○○さんともっと個人的に仲良くなりたい。言うなら今しかない気がする（欲がまた湧き上がる）。

誰かに協力してもらおうか（その欲を後押しする方法を思いつく）。

いやいや、その場合、○○さんが好きだってその人にバレるのが恥ずかしいなぁ（その方法を打ち消す）。

だったら今のままでいいか。

■未来型ぐるぐる思考の仕組み

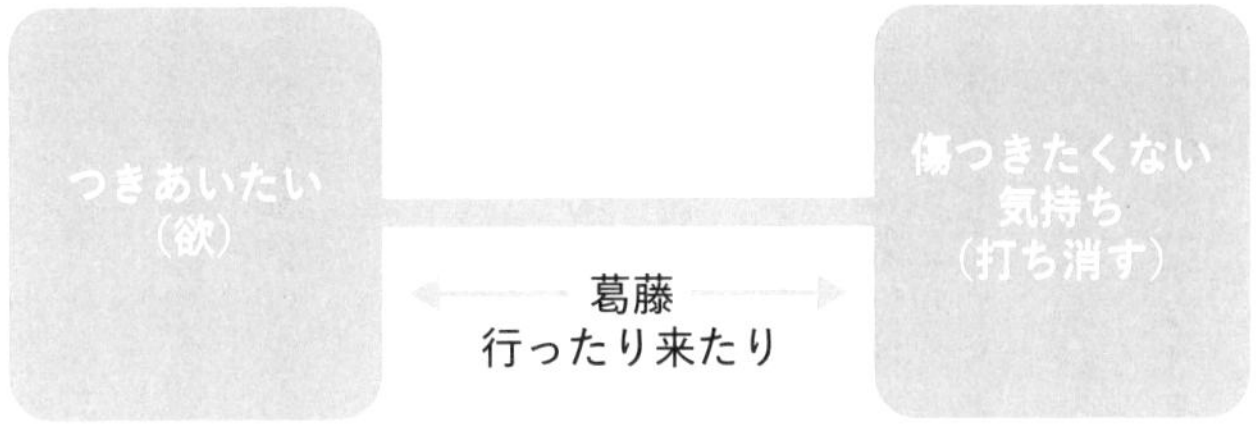

とぐるぐるモヤモヤとするわけですね。

未来の扉を開こうとして考えてはみるものの、脳内で想像した結果、そこに起こるであろう障害物を自分で喚起してはぶち壊す、を延々繰り返して、結局一歩も動くことができないのです。

また、よくご相談いただくぐるぐる思考に「会社をやめようかな」に関するぐるぐるもあります。

会社をやめたいと思うけれど、いざとなると、収入がなくなることが頭をよぎるので踏ん切りがつかない。

扶養家族がいる場合なら、なおさらです。

そんなとき頭をよぎるのは、「若いときはもっと、なりふり構わず決められたのに」という過去の自分との比較だったり、同じ環境でも平気な顔でやりすごせる同僚の精神的な強さです。

それに、「こんないい条件の職場をやめるなんて」「こんな時期にやめるなんて」と自分の判断を誰かに非難されたり、馬鹿にされたりすることが癪《しゃく》にさわると感じるかもしれません。

逆に、「やめるって言ったら、上司の絶句する顔が見られるかもしれない」という仕返しの場面を想像することで留飲を下げたり、自分がやめたら困りそうな人の表情も想像してイラッとするかもしれません。

上司の存在は嫌だ（マイナス面）けど、今の職場の人間関係は比較的恵まれている（プラス面）。この仕事をやめて、再就職先に嫌な人がいたらどうしよう（マイナス面）。そこで失敗したらもう先がない（現在のプラス面＋未来のマイナス面）。給与が上がらない上に人間関係が今より悪かったら、転職する意味がない（未来のマイナス面）。ああ、そうなったら元も子もないじゃないか！

こんなふうに感情的な葛藤もあるし、損得勘定も考えます。

いっそ起業してみようかと思い立つものの、そもそも自分がなにをしたいのか、なにが好きなのか、よくわからない。なにで起業したらいいんだ？

その際はSNSで集客をすることになるかもしれない。けれど、言うほど簡単なものではないだろうな。それに集客しはじめたら、友達に見られるだろうな。なんて言われるかわからない。似合わないことはしないほうがいい、やっぱり起業は無理か。

自分の未来を占ってみてもらうのは、どうだろう。なにか方向性が固まるかもしれない。いい占い師を探してみようか。……というぐるぐる思考の方向もあるかもしれません。

そして、会社をやめる、やめないでこんなに悩んで結論が出ない自分自身にイライラ。

「イライラしたくないから、やめようとしているのに」と堂々巡り。そして結局、現状を変えるのはやめようとあきらめるのです。

これが未来に関するぐるぐる思考の一例です。

未来型ぐるぐる思考を止める、たったひとつの方法

未来のぐるぐる思考を止めるには、メンタルケアやワークですっきりさせたらよいように思われるかもしれません。実際にそのようなワークで、ぐるぐる思考は止まるからです。

ですが、つかの間すっきりするかもしれませんが、それでは根本的な解決になりません。現実が変わらなければ、またすぐに同じぐるぐる思考がやってきます。未来のぐるぐる思考に対して、メンタルに働きかけるワークは、根本的な解決にはならないのです。

未来のぐるぐる思考を止める唯一の方法は、「行動を起こすこと」です。

行動を起こすと、不安でぐるぐる思考に陥ります。そうしたら、そのつどメンタルワークでぐるぐる思考を止めるのです。

そして、行動を起こすと、環境を変えることができます。

それまでの環境を、少しでもぐるぐる思考が生まれない環境に変えるということ、自分にとって刺激になっていて、ぐるぐる思考を起こしていたものを、視界に入らないように、刺激を減らす工夫をするということです。

例えば、行動を起こすことによって、次のように刺激を減らして環境を変えることができます。

収入が少ないことにぐるぐるする ↓ 収入を増やす

夫の行動にぐるぐるする ↓ 夫と接触する時間を減らす

親の介護ができなくて申し訳ないと感じてぐるぐるする ↓ 親の介護にかかわる

学歴がないことにぐるぐるする ↓ 学歴をつける

誰かとつきあいたいとぐるぐるする ↓ つきあう

苦手な上司のことを考えるとぐるぐるする ↓ その苦手な上司に会わないようにする

子供の不登校にぐるぐるする ↓ 不登校が気にならないようにする

このように、自分がなににぐるぐるしてしまうのかを把握し、環境を変えることで解決するということが、ぐるぐる思考の根本的な解決策につながります。

そして、環境を変えることで、かくれ繊細さんはいくつものメリットを得られます。

なにしろ、ＨＳＳ型なので環境の変化が大好きで、刺激を適度に受けたいかくれ繊細さんにとって、環境を変えること自体が喜びにつながります。

ですが一方、ＨＳＰでもあるので、新しい環境に変わることに少しナーバスになったりもします。

かくれ繊細さんは、その両方を持ち合わせているということを忘れないようにしてください。

つまり、変化は急激すぎないように、徐々に変化をもたらすとよいのです。難しいかじ取りですが、コントロールしていきましょう。

未来型ぐるぐる思考を解消するための簡単ワーク

さて、未来型ぐるぐる思考を止めるために行動を起こす（環境を変える）。その際にかくれ繊細さんができることはなんでしょうか？

それは、

①「本当はどうしたいのか？」を言語化する

②スモールステップで進む

というふたつのことがカギになります。

①の「本当はどうしたいのか？」を言語化する（自分の本心を見分ける）は、そのためのワークがありますので、ぜひ取り組んでみてください。

❶ まず、なににぐるぐるするのかを確かめます。

(例えば、「結婚したい」「転職したい」「子供の不登校に悩むのをやめたい」「○○をやめたい」など)

❷ 次に、その本当の目的を書き出してみましょう。

(例) 結婚したい、の場合

結婚の目的は、人によって様々です。

あなたが起こしたい変化(結婚)の、本当の目的について確かめてみましょう。

● 好きな人と一緒にいたい

というごく一般的な、想像しやすい目的以外に、

- 親元から離れたい
- 結婚している、というステイタスがほしい
- 子供を授かるためのステップを踏みたい
- ほかの同性からその相手を奪い取りたい
- 独身でいたくない
- お金の困難から逃れたい
- 相談相手がほしい
- 異性と暮らしてみたい

などの、言葉にしづらい目的が、あなたのなかにあるかもしれません。
そうしたもうひとつの目的（本心）を紙に書き出してみましょう。

③ そのもうひとつの目的を達成するための、手段を書き出してみましょう。

（例）　結婚したい目的が、「親元から離れたい」という理由の場合

- 実家のそばでひとり暮らしをする
- シェアハウスに住む
- 転勤を申し出て、地元から離れる
- 海外にワーキングホリデイする

などが考えられます。このように、別の可能性を探って描き出してみましょう。

④　③で書き出した手段のうち、ひとつを選択して、その手段に到達するまでの段階を細かく分けてみましょう。

（例）「海外にワーキングホリデイする」を選択した場合

1段階目　ワーキングホリデイできる国を調べる

2段階目　それをサポートしてくれる人、団体がないかどうかを調べる

3段階目　ワーキングホリデイしている人のブログを読む
4段階目　どこの国に行きたいか候補を上げてみる
5段階目　ワーキングホリデイになにが必要か書き出す
6段階目　仕事を数か月休めるか職場に打診する
7段階目　ワーキングホリデイに行くにあたっての不安事項を書き出す
など。

⑤ 書き出した項目のうち、漠然としていて不安が大きい項目を、さらに細かい段階に分けてみましょう。

(例)「仕事を数か月休めるか職場に打診する」という項目をさらに細かく分ける場合
1段階目　職場の休職制度について○○さんに聞いてみる
2段階目　職場で過去に休職した人がいるかどうか調べる
3段階目　過去に休職した人に直接メールしてみる

など。

このワークをやってみて「動き出せそう」「行動したい」と感じたら、その行動をしてみるといいですね。それが根本的解決につながっていきます。

そして、最初にお伝えしたように、行動しながらぐるぐる思考が起こるのは必然です。ぐるぐるしたら、ぐるぐる思考を止める方法をためしてみて、また行動に移していきましょう。

ぐるぐる思考を止めるために行動を起こすコツ

次に、未来のぐるぐる思考を止めるための方法として、かくれ繊細さんが、その特性を踏まえてどのように行動を起こしたらよいかについてご説明します。

かくれ繊細さんが未来型ぐるぐる思考を解消するためのカギのふたつめが「スモー

ルステップで進める」であることは先に述べました。

かくれ繊細さんが未来型ぐるぐる思考を解消するために、少しずつ行動を起こしながら進めていくには、スモールステップという手法が有効なのです。

スモールステップとは、いきなり大きなゴールを目指すのではなく、そこまでの道筋を小さいステップに分けて達成していくやり方で、特に最初の1歩をごく小さく設定しハードルを大きく下げることで、次のステップに加速がつきます。

勘がよく、習得が速いのも、かくれ繊細さんの特徴のひとつですから、最初の1〜2歩を踏み出してしまえば、慣れて怖さが減っていきます。

ただし、かくれ繊細さんは1歩目を踏み出す前に、その豊かな想像力によって未来のことを考えて、その想像によって不安でぐるぐる思考に陥りやすいという特性があります。

ですので、先の「『本当はどうしたいのか？』を言語化するためのワーク」のなかで行ったように、1歩だと思っている分を、さらにいくつかに分割してみてください。

例えば、私は髪を洗うのが嫌いです。特に、寒い冬に髪を洗うことが苦手で、いい大人がそんなことを言うのはなんだか情けないのですが、めんどくさいし、顔に水がかかるのがそもそも苦手なのです。

そこで、この行動を分割します。

普通「髪を洗う」は一動作かもしれませんが、それを10に分割します。10のうちの最初の1は「髪を濡らす」とします。髪の先端だけなら、湯船につかりながらでも浴槽のお湯でできることですから、めんどくさくなくなります。

ここまでで「髪を洗う」という目標行動の、10分の1をなんなく達成できてしまいます。

その結果、次のふたつ目のステップを実践する心的ハードルはひとつ目よりも下がるのです。「ここまでやったなら、もう地肌まで濡らしても同じなんじゃないか」とまで思えてきます。

そして気がつくと、髪を濡らしてシャンプーで洗っています。苦手なのは変わらないのですが、行動を区切っていくと達成できるのです。

これは、最初のハードルを大きく下げることを意識してください。最初のステップが大きすぎて、先読みによって嫌だと思う気持ちがあっという間に増大してしまうのを防ぐためです。

かくれ繊細さんのスモールステップは「考える余地を挟めないくらい細かく分ける」のがコツです。

そしてこの方法は、かくれ繊細さんの「もったいながり」なところも利用したやり方でもあります。少しだけでも手をつけてあると「せっかくだからもう少しやろうかな」と思って、無駄にしたくなくてつづけてしまいます。

スモールステップは、かくれ繊細さんにとっては、「自分をうまく乗せるための方法」と言えます。

このようにして、細かく何段階もに区切るスモールステップで行動を起こすと、未来にまつわるぐるぐる思考は、抜本的に解消されていきます。

よく、「行動することに意義がある」とか、「行動を起こしたらなにかが変わる」という教訓がありますが、かくれ繊細さんは行動を起こすことへの抵抗感を減らすことさえできれば、大きな成果を上げられます。ただ、最初の数歩に対するハードルが、自身の持つ先を読む力によって異様に高くなってできなくなってしまっているだけ、なのです。

過去のぐるぐる思考は、こんなふうに起こる

次に、過去の出来事に対するぐるぐる思考の解消法に移りましょう。

かくれ繊細さんが、過去に起こってしまった出来事を思い出して、ぐるぐるするときの心のなかはこんなふうではないでしょうか。

さっきの会議で発言したけれど、周りの反応が薄かった。

それで、「あれ？　なんかおかしい発言したのかな」と振り返ってみるものの、これといった理由が思い当たらない。

でも、自分の発言はなかったように扱われて、スルーされたような状態になってしまった。

自分としては、抜本的で、みんながいい気持ちになるようなとてもいいアイディアを出したつもりだったのに。おかしいなぁ。ぐるぐる。


あるいは、こんなふうかもしれません。


映像作品に登場していた子供をきっかけに自分の幼少期を思い起こす。そして、自分は幼少期に映像のなかの子供のようには扱われなかったことに思い至ります。

「物語を見て、感動しても、自分の人生がよくなるわけじゃない。

なんだかクサクサする。

自分と比べちゃいけないんだろうけど、なんだかおもしろくない。

もう、考えても、過去は変えられない。

物語だったら都合よく誰かが現れて助けてくれるんだろうけど、本物の人生にはそんなに都合よく助っ人は現れない。

本当は親には感謝しなければならないんだろうな。

でも、自分は感謝できないな。

子供は親を選んで生まれてくるんだったとしたら、自分はどうしてこの親を選んで生まれてきたんだろうな。

ああ、どこかからやり直せるのかな。

前世で功徳を積んでこなかったのかな。自分」


なんてぐるぐるしてしまったりするかもしれません。

または、過去の自分の行動をふりかえって「どうしてあの会社やめちゃったのかなあ」とか、「なぜもっと早く気づかなかったんだろうか」とか、「もっと○○みたいにできたらなぁ」なども、かくれ繊細さんは考えるのではないでしょうか。

過去の出来事について「考えても何も変わらないことを、頭のなかでぐるぐるさせる」んですね。

このような、過去のことでぐるぐるしてしまったときでも止め方はあります。

「あなたが本当はどうしたかったのか、その本心をとらえることで止まる」んです。

過去のぐるぐる思考を止めるための簡単ワーク

このワークは自分が「ぐるぐるしてるな」と気づいたところで行ってください。

このワークは、これまでのべ2万時間、かくれ繊細さんたちとセッションしたなかから生まれた、かくれ繊細さんにとってとても実績のあるワークです。

ただし、注意点として、このワーク中に、具合が悪くなったり、やめたくなったりしたら、すぐにやめてください。

❶ 頭のなかでなにがぐるぐるしているかを特定します。繰り返しぐるぐるしているその映像は、なにを映し出していますか？
映し出している映像が、誰の、どんな行動、発言なのかを特定してみてください。

（よくある例）〇〇さんが自分に物知り顔で皮肉を言っている場面、自分が苦虫をかみつぶしたような顔をしている場面、など。

❷ 頭のなかで繰り返しぐるぐるしているその映像は、その出来事が起こってから、現在までに何回くらい頭のなかでぐるぐるしましたか？　だいたいの回数で大丈夫です。

❸ 「〇回くらい脳内でぐるぐるしていた感じがするな」と口のなかでもごもご

と言ってみてください。頭のなかで考えるだけではなく、必ず口のなかで音にしてみてください（まわりに人がいなければ小さな声でつぶやくようにしてみてください）。

※ここで、頭のなかだけで「○回くらいだろうな」と想像して終わらせると、この先がつづかなくなりますので、必ず〝頭のなかから外に〟言葉を出してみてください。

④ 頭のなかの映像に登場する人物、場面のことを考えるのは嫌ですか？（はい・いいえ）

「はい」の場合、まず、「この場面を思い出すのも嫌だなぁ」と、口のなかでもごもごと言ってみてください。これも頭のなかで考えるだけではなく、必ず口のなかで音にしてみてください。

⑤
音にするところまでやってみたとき、「その人、その場面を思い出すのが嫌だ」という気持ちが、身体に響く、あるいは伝わる感じがありましたか？

響く感じ、伝わった感じがあるならば、「思い出すのが嫌だ」と口のなかで言いつづけてみてください。間もなくその「嫌だ」は納まりますので、少しそのまま待ってみてください。

その人、場面のことを思い出すのが嫌だ、という気持ちがおさまってきたら、再び頭のなかのぐるぐるの映像に戻ります（Ｐ１１６へ進んでください）。


　もし、響く感じがしなかったり伝わらない感じがするようであれば、次の【自分のどんな反応にも了解を出すワーク】に取り組み、それに慣れるようにしてください。

　そして、日を置いてからまた、この【過去の出来事のぐるぐる思考を止めるワーク】に戻ってためしてみてください。

自分のどんな反応にも了解を出すワーク

❶「みんなには聞かれちゃいけないから、ほんとにここだけの話なんだけどさ」と口のなかで言ってみましょう。どんな感覚がありますか？

❷それがどのような感覚であったとしても、「そうか、そうだよな」とその反応に対して肯定をしてください。もし「なにも感じない」場合は、「そうだよな、なにも感じないよな」と、なにも感じないことを「了解」としてください。

❸「自分のどんな反応にも了解を出す」ということに、慣れましょう。

これは、日常的に取り組めるワークですが、大きな効果を発揮してくれます。

⑥ 頭のなかに出てきた人、場面が、あなたになにを伝えようとしていますか？
それを紙などに書き出してみてください。

ここでは、現実には言われていない言葉が出てくるかもしれませんが、その場合でも、「そういうことを言いたかったのかもしれないな」と思う言葉を書き出してみてください。

（よくある例）「お前なんか仕事できないんだから、引っ込んでろよ」「お前が口出すと面倒なことになるから、発言されると迷惑なんだよ」などと言われた気がする、など。

⑦ その言葉を言われたとしたら、あなたは、どんな気持ちになりましたか？
感情を表す言葉を使って、表してみましょう。

（感情の言葉：悲しい、さびしい、嫌い、がっかりだ、悔しい、うらやましい、

怖い、不安、恥ずかしい、うれしい、楽しい、幸せだ、いいなー、満足だ、など）

※かくれ繊細さんは、我慢強く、人当たりがよいので、ここで、自分をつい表面的ないい感じの人物像にしてしまいがちなのですが、これはぐるぐる思考を止めるためのワークです。本当に自分が感じたことに触れる必要がありますので、あなたの本音の言葉が必要です。
例えば、「あんたよりは、仕事できるよ」と相手に対してキレる、とか、「どうせ自分なんか、仕事できないよ」と号泣するとか、「あなたの言うことはいつも的外れだ。だから部下に信頼されないんですよ。自分ではそれがわからないんですね」など嫌みを言う、等。普段のあなたからは想像できないような言葉が出てきてもかまいません。

その気持ち（本心）がとらえられたら、⑧に進みます。

⑧ その言葉を相手に言ったとしたら（現実には言わないので、安心しながら実践してください）、相手はどんな反応をすると感じますか。

驚きますか？　それともキレますか？　あるいは、あなたの言った本音の言葉に賛同しますか？

その相手の反応を見たあとのあなたの反応を言葉にしてみましょう（例えば、「驚いてくれましたね。愉快な気持ちです」や「あなたの本性が見えました」などです）。

これも頭のなかで考えるだけではなく、必ず口のなかで音にしてみてください。

⑨ あなたが本当に感じている言葉を口のなかでつぶやくことによって、そして、このように相手と本音の応酬をすることで、身体がゆるむ瞬間がやってきます。そのとき、あなたのぐるぐる思考は止まります。

かくれ繊細さんがぐるぐる思考が止まらないのは、本音と思って発している言葉が実は本音ではないのが大半です。だから、このような「本音をつかむ練習」が必要になるのです。

※注意：本音をつぶやくことによって、気分が悪くなったり、強烈な反発心が湧き上がってきたりすることがあります。その場合は、速やかにこのワークをやめてください。時間をおいてから実践すると、以前よりもやりやすくなることもありますので、様子を見ながら実践してみてください。

本音を言葉にすることで、つらい気持ちになってしまったら……

かくれ繊細さんは「本音を言葉にしてもよいのか？」という疑問を常に感じているため、自分の本音をとらえることがとても苦手です。

その理由は、本音を言って嫌われたり疎ましがられたり、気持ち悪がられたりした経験から、本音を口にしないことが身体に染みついてしまっているからです。

さらには、自分の本音をとらえたとしても、身体がその本音に拒絶的な反応をする（恐怖を感じる）ので、それ以上自分の本音をつかむことをやめてしまいがちです。

ですが、このような本音を言葉にするワークで、その身体の拒絶反応自体を「ああ、本音を拒絶してるんだな」とそのまま受け取めてみると、だんだんと慣れてきて、ぐるぐる思考を止めることができるようになっていきます。

「自分はいつも本音を言葉にしている」と思っているのにぐるぐる思考が止まらない方の場合は、実はご自身の本音を言っていない可能性があります。本音に近い言葉を使うことで、「これは本音だ」と思い違いしてしまっていることもよくあります。ご自身ではそれが本音かどうか判別できない場合もあるかと思いますので、信頼できるカウンセラーにお尋ねください。

または、本音を言葉にしたことで「あんなことを言ってしまった」などの羞恥《しゅうち》心や罪悪感を新たに生んでしまい、その罪悪感情を対処できずにぐるぐる思考が止まらない、ということも考えられます。

その場合は、「こんなワークは役に立たない」とワークを否定して、いったん離れてみるのもよい方法です。ご自身のコンディションによっては、あまり突き詰めないほうがよい場合もあることを、念頭においておいていただければと思います。

ぐるぐる思考を解消したかくれ繊細さんたち

ぐるぐる思考を解消した方たちからは、このようなコメントをいただいています。

怒りの感情を抑え込んでいたことで、ぐるぐると思い悩んでいた、ということがわかりました。激しい怒りを感じているのに、そんな自分を隠すために、自己否定したり発達障害を疑ったりして、自分に原因を求めることで他者に対する激しい感情を封印してきたんだなぁと。しかし、適切な感情の消化の大切さ・仕方がわかり、フラットな状態に自分を戻せるようになりました。（30代男性・Kさん）

敏感さを周りに理解してもらおうと思っていました。でも、「気にしすぎだ」とか、「神経質だ」などと言われて、なにも解決しませんでした。なので、「自分がおかしいんだ」という自己否定と理解してもらえない悲しみがずっとありました。これをなんとかしたいといつも思って生きてきましたが、ぐるぐる思考を解消できるようになってからは、なんとかしたいという気持ちがなくなって、気がついたら、ビクビク、ドキドキしている時間はかなり少なくなっていました。（30代女性・Yさん）

取り組み始めてから8か月半で、自分の腹黒い部分も「そんな私もおもしろいし、愛おしい」と受け入れることができるようになっていたので、自分でも驚いています。感情を抑えて生きていたことにも気づけたのは大きな収穫です。これはこれまでまったく気づけなかったことです。ここ最近の自分の行動を振り返ると、お世話になっているから期待に応えなければ、早く結果を出さなければと、焦ってぐるぐるしている自分がいたことに気づきました。気を取り直して、また目の前のことに取り組んでいこうと思います。（30代女性・Hさん）

配偶者と別れたいけど、一歩踏み出す勇気がないことにぐるぐるしていました。それと、やりたいことはやりつくしたと思っていました。だから「これ以上になにがあるんだろう？　このままで終わっちゃうのか？」といつも焦っていたんですね。でも、だんだんと自分の生きづらさが明確にわかってくるにつれて、自分の満たされない部分を主人に求めていたんだと気づきました。周りではなく自分の醜いほんとの気持ちを認めてあげることで、ぐるぐる思考を解消しながら進むことができています。あとから見れば、「えっ!?　こんなことで……」と思うほど簡単なことだったのに、そのことにこれまでは気づけませんでした。ぐるぐる思考を止めるセッションは、受けるたびに大きな衝撃（気づき）があり驚きと感動があります。（50代女性・Mさん）

ぐるぐる思考が、止まりました。もしまた始まったらポンポンと止められると思います。なんて楽なんでしょう。他者とわかり合うということは難しいけれど、私が私とわかりあう、これがなにより心強くいつでもいてくれる最強の味方です。こんなすごいことを実感させていただいて、感謝いたします。（60代女性・Kさん）

ぐるぐる思考を止めることができると、これまで勇気がなくてできないと思っていたことにトライすることができるようになります。それは、「ぐるぐるしても、止められるという自信が生まれる」からです。

これまで、「ぐるぐるしてしまいそうだから、やらないでおこう」と思って止めていたことに取り組んでみようか、と1歩踏み出してみることにつながるのですね。

そして、かくれ繊細さんは、新しいことを試してみたいという好奇心をお持ちです。好奇心を満たしながら進められる人生は、ぐるぐる思考を上手に扱えるようになることから始まります。

第4章

日々の生活で出てくるぐるぐる思考の対処法

[仕事・勉強・お金編]

仕事をしているときに出てくる「サブリミナル映像」

この章では、仕事、勉強、お金にまつわるぐるぐる思考の対処法についてお伝えしていきます。

仕事に関してのぐるぐる思考が起こりやすいのは、「慣れないことをするとき」や「ミスをしたとき」だと思いますので、この2点についてお話ししていきたいと思います。

「上司との関係と、自分の評価が低いことに悩んでいます。仕事が楽しいとも思えないし、これが自分にとってベストな仕事とは思えないので転職をしたいです。けれど、なにをしたらよいのかわからない。でも早くやめたい！」（30代女性）

「仕事量に見合った給与が得られないので、やめたい。なのに新しいことに飛び込む勇気もない、とイライラしています」（30代男性）

「自分が目指す仕事のための勉強が、なぜかできないです」（40代男性）

「会社で圧の強い人が上司になり、どうにかならないか悩んでいました。納得できない仕事をしていることや、ほかの人なら普通にできることができないことにも強いストレスを感じていました。会社と自分の求める質のギャップを埋められなくて、体調を崩してしまいました。今は、やりたいことを見つけて転職するか、起業しようか悩んでいます」（20代男性）

かくれ繊細さんは、慣れないことをするとき、それをしたらどうなるかをあらかじめ脳内で先取りして予測場面を想像します。

映画で言う「予告映像」が脳内で流れるのです。それも、ネガティブな展開の予告映像になるのが普通です。

まだ起こってもいない未来の出来事が、あたかも本当に起こったかのように出てきてしまうと、それを本当のことと錯覚して怖くなってしまうんですね。その結果、不安になり、緊張して警戒心がふくらみ、「やっぱりやめておこう」「変なことしないように気をつけなくちゃ」と、行動が尻すぼみになっていきます。

この予告映像は、瞬間的なものです。サブリミナル映像みたいにシュッと頭のなかに挿入されるというのが最も近いイメージです（サブリミナルとは、非常に短い時間の小さな情報によって、その人の潜在意識に影響を与える効果のこと）。

仕事中のぐるぐる思考は、実はこの脳内のサブリミナル映像を発端に発生します。

特に「慣れないことをするとき」と「ミスをしたとき」は、このサブリミナル映像が頻繁に出てきます。そして、そこからぐるぐるし始めます。

慣れた場所、気心の知れた人たちのなかにいるときは、緊張せずに、余裕をもって仕事ができて、ぐるぐる思考には陥らないと思います。

それは、慣れた場所や気心の知れた人たちのなかであれば、あなたが仮にミスをしたとしても、最悪の事態にはならないとわかっているからです。

逆に、慣れない環境だと、かくれ繊細さんは様々な予測をします。「もしAがなかったら、どうしよう」「Bがうまくいかなかったら、誰に聞けばいいんだろう」「Cが失敗したら、白い目で見られるんじゃないか」などと、状況がわからない分だけ、たくさんの不測の事態が考え出されてしまうから、頭のなかが予測映像だらけになるのです。

私たちかくれ繊細さんがすごく疲れるのは、このサブリミナル映像によって、不安を喚起され、感情をグラングランに揺さぶられることにエネルギーをたくさん使っているからなのです。

ぐるぐるしてしまう要因をあらかじめ排除しておく

さて、こうした職場でのぐるぐる思考には、おもにふたつの対処法があります。

ひとつは、ぐるぐるしそうなことを避けること。

これは「ぐるぐるしそうな可能性を減らす」ことが有効です。

「この会議では、同席するこの人の発言にぐるぐるしてしまいそうだな」と思ったら、なるべくその人が視界に入らないような場所に位置を取る、とか、会議の参加を免除してもらえる可能性を探るとか、会議中ほかの人の発言を増やして、その人の発言回数を減らす、など、自分のぐるぐる思考が起きないように準備・設定しておくのです。

ちなみに、私は自宅に帰ったときにリビングが散らかっていると凹んでぐるぐるする（自分の家事能力が低いことに凹み始めたり、散らかした人にイラついたり、片付けなければならない労力を想像して嫌になったりする）のがわかっているので、外出する前は、リビングはキレイにして、帰宅後のぐるぐる思考を予防しています。

また、ショックを受けそうな内容のメールを読むときは、深刻な気分にならないように、家事やゲームをしながら読む、などのぐるぐるしない工夫もします。

荷物が重いだけで悲しくなることもあるので、荷物を分散できるように軽いエコバッグは外出時の必需品ですし、無駄遣いをすることも、そのあとで後悔し、ぐるぐる考えてしまうので、なるべく無駄遣いしないように気をつけます。

どれも小さなアクションですが、ぐるぐる思考を生み出さないためには有効です。

家庭のなかだけでなく職場も同様に、ぐるぐるしてしまう原因をあらかじめ特定して排除しておくと、ぐるぐるせずに過ごしやすくなると思います。

「なににぐるぐるしているのか？」に気づくことが大切

ふたつめの対処法は、ぐるぐるしたとき、それが大きくならないうちに対処することです。

これは、具体的には、ぐるぐる思考に陥ってしまったときに、「あ、ぐるぐるしてる」と自分で気づくということです。

別の言い方をすると、「客観視」です。ぐるぐる思考は、今ぐるぐるしているということが自分でわかるだけで、必ず一度は止まります。

かくれ繊細さんは、ぐるぐる思考が大きくなってからだと、ぐるぐる思考がない状態に戻すのにかなりの時間とエネルギーが必要になります。

でも、早く気づき、早くぐるぐる思考がない状態に戻せば、スッキリした状態で建設的な判断ができます。

だから、**かくれ繊細さんは、ぐるぐる思考が小さいうちに気がつける練習をするのが得策**だと思います。

ぐるぐるしているときは、同じ場面を何度も思い出しています。にもかかわらず、無意識に行われているため、気づかないままだと疲弊が進んでしまうのです。

ぐるぐる思考に気づくにはまず、繰り返し思い出しているのではないか、という意識で確かめてみることをお勧めします。

かくれ繊細さんが、自分のミスを絶対に許せない理由

「自分のミスに動揺して萎縮してしまいます。些細な刺激の積み重ねでキャパオーバーになりやすいので、さらにまたミスをしてしまい、動揺。がんばっているのに雪だるま式に事態を悪化させてしまうようなところがあり、自己否定につながってしまいます」（40代女性）

「他人のミスがすぐ目について、気になって仕方がない」（30代男性）

よく「ミスをして初めて人は成長する」「ミスはしたほうがいい」「どんどんミスをしなさい」「ここはミスをする場所なんだから大丈夫」などと言われます。

ですが、かくれ繊細さんは「ミスから受ける痛手が大きすぎる人たち」です。そのため、これらの言葉はかくれ繊細さんにはあてはまらないと考えていただいたほうがよいのです。

例えば、大半はうまくいっているのにごく一部だけミスをした場合、非HSPの人は、「あ、ちょっとミスっちゃった」「まあ、大半がうまくいってるからいいでしょ」「これくらいだったら、気にしなくていいよね」と考えられますが、かくれ繊細さんの場合、そうは思えないのです。人が気にしないレベルのミスさえも、気になります。

そして、さらに「小さなミスが気になっている自分」も気になってしまいます。「こんなことくらいで、気にしすぎている」「これくらいのミスは受け流さなきゃならないのに気にしているなんて、自分はなんて器《うつわ》が小さいんだろう」のように。

ただし、ミスを気にしているということはおくびにも出さないので、表面的には余裕があるように見えます。

困ったことに、かくれ繊細さんは、そんな自分の態度にも自己否定が入ります。「本当は気にしている自分」と、「余裕がある態度の自分」のギャップに対してダメ出しをしてしまうのです。「本当はびくびく動揺しているのに、平気なふりをするなんて」と。

このようにかくれ繊細さんは、ミスをすることの弊害が大きいので、ミスをしないよう、自分に対する警戒を強化していきます。ガチガチになっていくんです。

あれ？

ぐるぐるしたくなくてミスを避けているのに、ミスをしないことに強くしばりつけられて、ミスをしないためにガチガチになってしまっています。本当は自分のミスも人のミスも、笑って受け流せる自分になりたかったのに、結果的に、まったく真逆の方向に向かってしまっていますよね。

自分のミスでぐるぐるしてしまった場合の対処法

それならばどうしたらいいでしょうか。

ミスをしたとき、かくれ繊細さんは自分の仕事の仕方や段取りや指示の出し方をめいっぱい反省している一方で、「なんで自分だけがこんなに責められなきゃならないんだよ」とか、「あいつのせいでこうなってるんだろ？」という気持ちも持っているということに気づいてみてほしいんです。

かくれ繊細さんは、本当はかなり非社会的なこと（他人への非難など）を考えているのですが、こうした本心（本音）をとらえることができたなら、ぐるぐる思考は必ず止まります。

かくれ繊細さんは、

「そんなこと（本心）を言ったら、自分はひどい人間だと思われる」

「本心を言ったら、悪い人と思われてしまいそう」

「本音を言葉にするなんて、恐ろしい」

と考えてしまうので、ぐるぐる思考を止められなくなっているのです。

ですので、このような「妨げ」がやってきていることを冷静に客観視しながら、「本当は自分はどう感じているか」をとらえてみてください。それが正しくとらえられたとき、ミスしたときに起こるぐるぐる思考は必ず止まります。

勉強しているときに、ぐるぐるしてしまったら？

かくれ繊細さんにとって、勉強とぐるぐる思考は切っても切れない関係です。ちゃっちゃと教科書を読み、理解し、サクサクと暗記してしまえばよいのに、それがなぜかスムーズにいかなくて勉強が進まない。中断してしまいます。

そんなふがいない自分を卑下し、どんどん自分を追い込んでしまい、やる気を失っていきます。

「あーあ、なんで自分はこんなにだらだらとしか学習ができないんだろうな」「みんなはさっさと目標に向かって着実に勉強を進めているのに」「こんなにうじうじしているのは自分だけだ」、と自分を責め立てます。

かくれ繊細さんには、1日30分を毎日続ける、といった、一定の時間、一定のペースでものごとを継続するやり方は向いていません。やりたいときにやりたいだけやりたい、やり始めたらやめたくない、という進め方を好む人たちだからです。

それは、一見わがままで身勝手なやり方だと感じることもあり、かくれ繊細さんはそんな自分の好きなやり方（やりたいときにやりたいだけやるやり方）を手放してしまいがちなのですが、必ずしも一般的なやり方に合わせる必要はありません。

せっかく持っている「没入気質」をうまく生かして、勉強というフィールドを楽しめばよいと思います。自分独自のリズムにのると楽しくなり、もっともっとやりたくなるからです。学ぶ内容が、芸術でも、料理でも、語学でも、資格試験のための勉強でも同じです。

それから、「理解してから問題に取り組む」という順番よりも、「問題を先にやってみて、わからない箇所を理解していく方法」が、かくれ繊細さんには向いています。

また、睡眠時間を削って勉強するのも、ぐるぐるする原因になります。

かくれ繊細さんは同じやり方で続けるよりも、飽きないようにそのつどコロコロやり方を変えながら勉強をしてみましょう。これらが、勉強でぐるぐる思考にならないコツと言えます。

記憶に関するかくれ繊細さんの脳の癖

記憶については、心理学の研究があります。

よく知られているのは「エビングハウスの忘却曲線」（記憶してから一定期間中に急激な忘却が起こるが、その後の忘却は緩やかになる、という忘却に関する実験データ）かと思います。

それ以外にも「減衰説」「干渉説」「検索失敗説」「抑圧説」という4つの忘れることについての説があります。

時間が経つとどんどん忘れていくものであるという忘却理論を「減衰説」と言いますが、かくれ繊細さんが記憶が苦手な場合、「減衰説」のせいではなく、独特の癖に関係がありそうです。

「干渉説」は、思い出したい記憶をほかの記憶が邪魔して（干渉して）思い出せない状態になる、という説です。かくれ繊細さんの記憶に影響していそうだと考えています。

例えば、かくれ繊細さんは想像や連想が多いので、ある単語を見ると、ついほかの単語あるいは別のイメージを連想してしまって、その単語の正しい意味が思い出せなくなります。

一例を挙げると、「diverse」という単語を見たとき、似た単語「devorce」「devote」などが脳の記憶域から湧き上がってきてしまいます。ほかの単語のイメージに干渉されてしまうことによって、その単語の意味を正確に思い出すことができない、つまり、記憶できていないのと同じ状態ということになっているのです。

これは、忘れているのではなく、開けるべき記憶の引き出しの代わりにほかの引き出しを手当たり次第に開けにいってしまっている状態と言えます。

この干渉情報に悩まされやすいかくれ繊細さんは、どのようにして記憶をしていったらよいのでしょうか。

それには「干渉がある」ことを前提に、脳に働きかけることです。

まず、別のどんな単語を連想してしまう可能性があるかを、全部羅列してみます。

こうすることで、「どんな引き出しを間違って開けにいってしまうのか」を把握することができます。つまり、混同してしまう単語を、全部つまびらかにして確認するのです。

その順番は以下の通りです。

①記憶チェックしてみて、間違えてしまう単語を把握する

②その単語から連想してしまう単語を全部羅列して明確にする（diverse（様々な）を見たときに、divorce（離婚）、devote（献身する）を連想してしまう、など）

③一定時間後、再度記憶チェック

④記憶したい単語と連想してしまう単語の両方を思い出してみる

⑤さらにその翌日、連想してしまった単語のそれぞれの意味を再チェック

このような手順を踏めば、干渉しあう別の記憶の引き出しにある単語を区別でき、正しく記憶でき、使い分けられるようになります。

片付けをするときに、片付けの専門家は、まず持っているものを引き出しや棚、押し入れから全部出します。これは、一度、持っているすべてのものを可視化することで、必要ないものや多すぎるものがわかり、無駄をはっきりさせるためですが、同時に全体量を目で見ることで安心するためでもあると思います。安心すると、次の作業に取りかかりやすくなります。

そこから、必要なものや多すぎるものを処分し、改めて収納しなおすとすっきりと収まり、以前と比べて部屋が使いやすくなります。それと同様のことを記憶域でやってみるのです。

昔の私は、この記憶の引き出しのなかのものをすべて出してみるという作業ができなかったため、混乱したまま、ぐるぐる思考状態になっていました。似たような単語が出てきても、それを並べてみずに、個別にそれぞれの記憶域に押しこみ続け、それらがあちこちからはみ出したままになって「自分は勉強ができない」と落ち込んでいました。

以前の私と同じように、なかなか記憶ができなくてぐるぐる思考になる方は、ぜひ、この干渉を前提とした記憶法をためしてみてください。

かくれ繊細さんが、外国語のリスニングテストが苦手な理由

かくれ繊細さんは、その特性を考えると、学習中の外国語のリスニングテストが苦手であることが想定できます。もちろん、訓練すれば克服できますが、そのためには、ご自身の脳内で起こっていることを把握する必要があります。

リスニングテストは、一定の時間内に外国語を聞き取り、その内容を判断し、答えを記入するテストです。このテストのとき、かくれ繊細さんは別の想像が脳内に介入してきて、設問に集中できなくなってしまいやすいのです。

そもそも、かくれ繊細さんは自分の外側に注意を払って生きており、別の言い方で

言えば、注意散漫な人たちといえます。

常に自分の「身体の外」に注意を向けています。潜水艦のなかからニューッと外に出て周囲を見張っているようなイメージです。自分本体はそこにいても、注意の向かう先はいつも自分の外にあります。

■注意はいつも自分の外にある

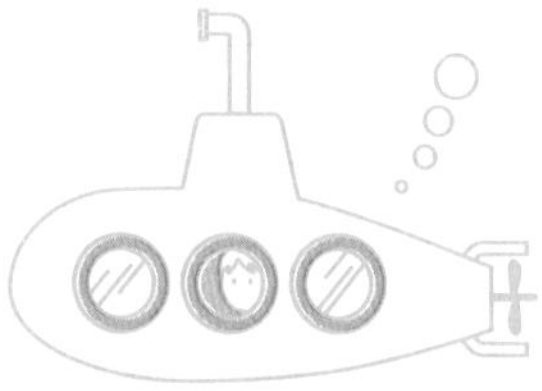

かくれ繊細さんは、潜水艦のなかから
周囲を見張っているようなイメージで
「身体の外」に注意を向けている

かくれ繊細さんは物心ついたころにはすでに注意を向ける先を自分の外に置き、身体の外の情報をサーチしつづけているのです。

そのため、かくれ繊細さんがリスニングテストのようなひとつのものに一定時間、注意を向けつづけるためには、このサーチ機能を止める必要があります。

つまり、外部をサーチする注意力のスイッチを切る必要があるのです。

外国語のリスニングテストの際、この「生まれながらに持っている注意力のスイッチを切る」ことを意識することが、かくれ繊細さんがリスニングテストを克服するコツとなります。

リスニング以外の、例えば勉強のような集中をしたいときにも、想像力がどんどん働いてしまうことを理解した上でそれを切り替えることを意識する訓練が、かくれ繊細さんには必須です。

このように、かくれ繊細さんの学び方は時間がかかるものの、一度学び取ったことは頭のなかに深く染み込み、さらには浅く広く学びながらも、これと思う箇所については猛烈な深さまで理解を広げる特性がありますので、自身のそうした特性・機能を理解しながら勉強に向き合っていくことができるといいですね。

かくれ繊細さんは、お金のことでもぐるぐるしやすい

次に、これもかくれ繊細さんがぐるぐるしてしまう要因になりやすい「お金」の問

題について考えてみましょう。


「お金が貯まらない、いつも金欠で、『お金のブロック（お金を使うことへの罪悪感など、お金を思ったように扱えない心理的摩擦）』があると思います」

「安いものを選びがちで、ほしいものを選ぶことができません」

「少しでも貯金が減ると、とても不安になるタイプです」

「お金に執着があり、無駄遣いは罪だと感じます。少しでも安いものを探して得をしたいという気持ちが強く、本当にほしいものや食べたいものを我慢しています」

「仕事でお金をいただくことに罪悪感や抵抗があり、稼げません。そんな自分に嫌気がさします」


このように、かくれ繊細さんにとってお金は、ぐるぐる思考と超密接な関係にあるといっても言い過ぎではないでしょう。

今は、残高を減らしたくない。

だけど、ほしいものがあって、それは手に入れたい。

どうする？

手元のお金を手放して、それを手に入れる価値があるか？

買う決断をして、失敗して後悔したくないなぁ。

今、本当に買う価値があるのかを見定めたい。けれど、そうしている間にタイミングを逃してしまうかもしれない。後悔するかもしれない不安で落ち着かない。

どうしよう、どうしよう。決め手がない。誰も決めてくれない。判断がつかない。

自分の判断に自信がない。

……のように、かくれ繊細さんは、お金への不安でぐるぐる思考が生じやすいと思います。

お金があったらあったで、なくなるのが不安だし、なかったらなかったで、強い不安と後悔に苛《さいな》まれます。

あるいは、借金を返すために働かなければならないのに働く意欲が出ない、という追い込まれた状況でぐるぐるされている方もいるかもしれません。

こうした問題を誰かが対処してくれたらよいのですが、そんなことはまあ、ないですよね。お金がどこかから湧いてきたり、降ってきたりしたらいいですが、そんなことは起こりません。

だから、どうしても、現実に自分自身が向き合わなければならない。それはわかっているけれど「どうしようもない」と、絶望感を強く感じる問題です。

ぐるぐる思考を止めると、お金の流れ自体にも効果を発揮します。

例えば、ある個人事業主の女性（Ｓさん）は、ＳＮＳがとても苦手でした。そんなＳさんは、ご自身がかくれ繊細さんだと気づき、私のところにご相談に見えました。

Ｓさんは、コンサルタントの先生にいくら「実際に発信をやらなくちゃ、稼げないですよ」とはっぱをかけられても、なにかと理由をつけてはＳＮＳの発信を先延ばしにしていました。いくら自分の事業内容に自信があっても、個人事業主はＳＮＳ発信ができないと収入につながりません。

Sさんのお話を伺っていると、彼女はSNS発信のことを考えるたびに、元の会社の同僚たちの表情や言動を思い出していることがわかりました。

脳裏に浮かんできた元同僚の姿は、ほんの一瞬チラリと浮き出てくるだけです。それなのに、その一瞬の映像に彼女は「うっ」と躊躇し、ひるんでいました。「Sさん、SNSなんてやってるの？」「それで儲けようとしてるの？」「どのくらい効果あるの？」「あなたにできるの？」……脳内の元同僚たちが、口々にそう言っているように感じていたのです。

たった一瞬の映像ですから、Sさんにその元同僚たちのことを「見た」という自覚はありません。ですが、そのサブリミナル的な現れ方をするその映像には、かくれ繊細さんを動かす強烈な影響力があります。

ぐるぐる思考は、どこからそのぐるぐる思考が始まったのかがわかると止めやすくなります。

Ｓさんの場合で言えば、脳裏に浮かんだ元同僚の映像が、ぐるぐる思考の発端になっていました。

Ｓさんは、一瞬現れる元同僚の姿から、「自分がやろうとしていることが間違っているのでは？」と瞬間的に自分を否定されていると感じていました。「自分の力で仕事をしたい」という意志があるのに「あなたは間違っている」と真逆のことを言われるので、混乱してしまうんです。Ｓさんはそこで立ち止まって発信ができなくなっていたのです。

そのようなことが自分の脳内で行われているという全貌が明らかになると、脳内の映像を見て躊躇し、ひるんだときでも、ぐるぐる思考を止めて、現実に対処することができるようになります。

しばらくして、ＳさんはＳＮＳ発信という苦手意識を克服していきました。かくれ繊細さんが稼ぐためには、ぐるぐるするポイントがいくつかありますが、このように、ぐるぐる思考の扱い方がわかれば、お金にまつわる行動も変わっていきます。

お金にかかわるぐるぐる思考を止めることは可能です。そのために、本書で紹介しているぐるぐる思考を止めるスキルを使っていただきたいと思います。

1回目はうまくいくけれど、2回目はうまくいかない現象

よく、かくれ繊細さんからご相談いただくことのなかに、「1回目はうまくいくけど、2回目はうまくいかない」というものがあります。

お金に関して、最初は思った通りに目標達成できたのに、2回目以降「○月までに○万円稼ぐ」と決めたとたん、がんばる気持ちがしぼんでしまうという現象です。

私の事例でお話しします。

私はかつて、個人起業を支援する起業塾にお世話になっていたことがあります。先生にお金を払って門下生になると、個人ビジネスを軌道に乗せるサポートをしてもらえます。そこでビジネスの方向性を固め、どんな方たちに向けて、いくらで、ど

ういうタイミングで発信していくのか、などを教えてもらい、集客活動を始めていきます。

一から手取り足取り教えていただいたおかげで、私は数か月でちょこちょこ売り上げを上げることができるようになっていきました。

そこで、売り上げた数字の資料を持って、先生の個別指導に行きました。

すると、その実績をほめていただけました。

先生から「え！　こんなに実績上がってるの？　すごいじゃない！」とひとしきり、笑顔でおほめの言葉をいただき、最後に「だったら、次はこのくらいだね」と、次の実績目標を示されました。

このときは超うれしいんです。ここまでのがんばりを認めてもらえたわけですから。

「私はやれるんだ。

起業して実績を上げることができたんだ。

それは、結構すごいことなのかもしれない。

先生も喜んでくださった」と。

でも、そこから、前のようにはできなくなってしまいました。

これまで通りにやっていれば、自分はできるんだとわかっているので、これまで通りにやろうとしますが、まったく同じようにやっているつもりなのに、うまくいかなくなるんですね。

すると、今度は数字が頭のなかでちらつき始めます。

前月に上げた数字に、今月は到達しない。

そうしたら、先生はあんなふうな笑顔でほめてくれはしないだろう。

その表情を想像しただけで、ぐるぐる思考になり混乱していきます。

「誰のためにやってるんだろう、この仕事。先生を喜ばすためにやってるんだっけ？違うよね、この先生には期間限定で教えてもらっているだけで、自分は今後の仕事の方法を学ぶためにここで習ってるだけなんだよね」

そう思おうとするのですが、一度ほめられていい気分になってしまった脳は、もう一度、それをほしがるようになります。

ほめてもらう気持ちよさを、また追い求めてしまう。そして、次の目標を示されたその日から、目標を達成することができなかったらどうしようとぐるぐるしてしまい、怖くなってしまったのです。

あとから出てきた感情に気づき、それを紙に書き出す

これには、かくれ繊細さん特有の心のからくりがあるんです。

最初は、わからないながらに、純粋にがむしゃらにやっています。その純粋さとがむしゃらさが、一生懸命さとしてクライアントさんに伝わり、成約します。

ところが、その結果を先生に評価され、ほめられたことで、またほめられたくなってしまうのです。

つまり、1回目は純粋にクライアントさんのためにやっていたのですが、1回評価されてしまったことで、今度はほめられるためにやる、という別のモチベーションに変わってしまったのです。

指導者に評価されたい、という気持ちになることがダメだというわけではありません。モチベーションが変わってしまったとしても、売り上げを上げつづけることはできるのです。そのためには、自分のなかでなにが起こっているのかの全貌を把握して、ぐるぐる思考を止めればよいのです。そうすれば、売り上げは営業トークのスキルの向上とともにまた上がっていきます。売り上げが上がれば心理的負荷も下がり余裕が生まれ、「お客様のために」という純粋な気持ちもまた、必ず出てくるようになります。

ぐるぐる思考は、その「本心」がわかると止まります。ですから、この私の事例の場合であれば「ほめてもらいたい、評価してもらいたいのも自分の本心である」ということに気づけていたら、ぐるぐる思考は止まっていたかもしれません。

もし、私が今、この2か月目の状態に戻ったとしたら、自分のなかの「新たな本心」を書き出してみると思います。

すると、「ほめられたい」という欲を受け入れることができ、ぐるぐる思考にふりまわされることもなく、そのときの自分に足りない技術（営業トークや情報収集など）に目を向け、それを磨くことに力を注ぐことができたんじゃないかと思います。

ちなみに、そのような2か月目を過ごした私がそのときどうなったかというと、ぐるぐるしながら這《は》うような気持ちで努力をしつづけた結果、最初の月の売り上げのちょっと下をうろちょろしつづけました。

ぐるぐる思考を止めることができなかったころなので、「ほんとはもっと突き抜けた結果が出せるはずなのに」とたくさんの愚痴と言い訳と泣き言を言い、突破的な成果を出せずじまいでした。

本当に自分のやりたいことで納得して収入を得ることができるようになったのは、自分のぐるぐる思考を止めることができるようになってからのことです。

この章の最後に、ぐるぐる思考を止めることができるようになったかくれ繊細さんの、お金に関しての変化をご紹介しましょう。

「好きなことを仕事にしたい！　と、そのことばかりを大切にしていましたが、稼ぐことで気持ちが安定する自分の傾向を知れたことで、とても心が楽になりました」

「お金に関しては、卑屈になる気持ちと罪悪感がありました。今も常にそのような気持ちが顔を出しますが、お金を使うことに、以前のような言い訳をしなくなり、ワクワクした楽しい感情を、そのまま味わえるようになってきました」

「お金がものすごく大事なことだと気づきました。お金がまず一番大事だ、と思っている自分を認めることもできました」

かくれ繊細さんは、内心動揺していても、周囲に見破られないように平気な風を装うことが習慣になっている人たちです。お金に関しても、人間関係や仕事などほかの分野と同様に、心を揺さぶられています。

心を揺さぶられることは、生まれながらの感受性なので変えることはできません。

ですが、それが自分の生まれながらの特性なのだと認められるようになると、お金に振り回されないように対策を練ることができるようになるのです。

例えば、かくれ繊細さんは、お金に振り回されないようにする対策のひとつとして、少なくてもいいから、一定の定期収入が得られるようにしておくとよいですね。かくれ繊細さんは思い切りよくスパッと仕事をやめがちですが、やめてしまったあと収入が減ると、自分を追い込み、動揺しやすくなるからです。

第5章

日々の生活で出てくるぐるぐる思考の対処法

［人間関係編］

かくれ繊細さんは、SNSが苦手

ＳＮＳは現代人の生活から切っても切れないツールになりました。現実の人間関係だけでなく、ＳＮＳでも楽しくワクワクできたらいいですよね。

まずここでは、人間関係とＳＮＳについての、かくれ繊細さんのぐるぐる思考についてお話しします。

ＳＮＳを開いて、「さてさて、みんなはどんなことしてるんだろう？」とニコニコしながらいろいろな人たちの投稿を見たり、「これを発信したら、どれくらいの人たちに見てもらえるかな？」と思いながら発信内容を考えたり、見てくれた人からのコメントを心待ちにしたり、「うわー、すごい喜んでくれてる！」と笑いながらコメントに返信したり、意見を言い合ったり。

ときにはフォロワーから心無いコメントがきたとしても、「その場のノリで書いてるんだろう」「強い悪意があるわけじゃないんだろう」とスルーできたら、ＳＮＳが苦手と感じることもなさそうです。

ですが、かくれ繊細さんのＳＮＳに関する悩みは尽きません。例えば、こんなことで、ぐるぐるしています。

「他人の発信やコメントに対して、すぐにイライラしてしまう。そういう自分が嫌いです。この嫌悪感をどうしたらよいでしょうか」

「なにか発信しようとしても、誰かに『なに言ってるの、この人』という反応をされるのが怖くて、発信ができないです」

「みんなみたいな気楽なコメントができなくて、ひとりでぐるぐると考えている間に、気がついたらタイミングを逃してしまいます」

「誰かがアドバイスしてくれても、自分を否定されているように感じて受け入れられないんです。そんなときは、受け入れたフリをしています」

「一回、投稿やコメントで『変な人だ』と思い始めると、その人のことは絶対に好きになれません」

「人によく思われたいと思いすぎているのはわかってるんですが、そうだとしても、どうしたら気楽に、発信とかコメントができるのかがわからないんです」

こう感じてしまうのは、かくれ繊細さんが出来事を悲観的にとらえがちであるということ、そして、それをさらにネガティブな方向に膨らましてしまう癖を持っていることが理由であると言えます。

ですので、ほかの人たちの発信を目にしたとき、脳内のスクリーンに様々なネガティブな情報を映し出して、ぐるぐるしてしまうのです。

例えば、誰かが楽しそうな旅行の写真を上げているとしたら、旅行に行けていない自らの境遇と比べて凹んだり、誰かが高くておいしそうな料理を投稿しているのを見れば「わああ、おいしそう」とは思う一方で、「盛り方がうまいだけ」「見栄張ってる」とディスっては、そんな自分にダメ出ししたり。

このようにいったんネガティブにとらえてしまうと、ネガティブなことを考えている自分に対して「またこんなふうにネガティブなことを考えてしまった」と、ネガテイブなエンドレスループに陥ってぐるぐるしてしまうのです。

SNS版 ぐるぐる思考を止める簡単ワーク

そんなかくれ繊細さんのために、「SNS版 ぐるぐる思考を止める簡単ワーク」をご紹介します。

SNS版 ぐるぐる思考を止める簡単ワーク

❶ まず、SNSの「誰」の「どんな」投稿を見たときにぐるぐるするかをつきとめます。

いろいろなパターンがあるかと思いますので、そのなかのひとつかふたつを書き出してみてください（例えば、かつての同級生で自分と仲良くしていた人が自分以外の人とすごく親しげにしている投稿や、同世代の人で負けるはずがないと思っていた人が起業に成功して笑っている投稿、など）。

その投稿の「なにに」に感情が動かされましたか？　書き出してみましょう。

（例えば、「この人がたくさんの人に囲まれているところ」や「豪華な食事をしているところ」、あるいは「高そうなバッグを持っているところ」など客観的な事実を書き出すようにしてください）

その際、自分のなにと比較していますか？　書き出してみましょう。

（例えば、「この人はこんなにたくさんの人に囲まれているのに、自分には親しい人がそれほどいないことと比較している」とか、「豪華な食事をしているけど、私はこんなところに行ったことがない」、あるいは「高そうなバッグを持っているけど、自分はこんなバッグは買えない」など）。

❷ その差の大きさを擬音で現してみてください。「ガーン」とか「ショック

――――！」とか「ガビーン」、あるいは「はああああーー」というため息でもよいです。なにかをたたくとか、大げさに舌打ちしてみるなど、身体の動きを伴うと、さらにぐるぐる思考が止まりやすくなります。

または、悔しすぎて笑えてくることもあります。その場合は声に出して笑うか、口元をゆるめるような大げさな表情を作って、しっかり笑うようにしてみてください。

※注意：現実に直面することによって、気分が悪くなったり、強烈な反発心が湧き上がってきたりすることがあります。その場合は、速やかにこのワークをやめてください。
時間をおいて実践すると、以前よりもワークしやすくなることもありますので、様子を見ながら実践してみてください。

グループトークでのぐるぐる思考の対処法

気心の知れた気の置けない人たちと何人かで話すとき、心から笑って盛り上がれると、楽しくて仕方ないですよね。また話そう！　と次の機会を心待ちにしてウキウキすると思います。

ですが、かくれ繊細さんからはよく、「チャットのグループトークが苦手」という話を聞きます。

非ＨＳＰの人たちからは、「どうして？」「別に考えずにしゃべればいいじゃない」と思われるのでしょう。けれど、かくれ繊細さんは考え込んでしまうのです。

ネット上のグループトークだけではなく、かくれ繊細さんはもともと3人以上で話すのも苦手です。１対１で話すときはすんなり相手とコミュニケーションが取れるのに、３人以上になると途端にできなくなってしまうんですね。

このことには、かくれ繊細さんの特性が強く影響しています。話している相手に入り込んでいってしまうという特性（共感性）です。

1対1ならば対象がひとりなので迷わずにその人に共感すればよいのですが、対象が複数になると、誰に照準を合わせたらよいのかがわからなくなり、どの人とも共鳴しづらくなってしまうんです。

さらに、多人数のチャットやグループトークでは、メンバーの会話にうまく乗っていけません。

対面での会話なら、誰かの発言に言葉を発さなくても、表情で応えたり、ほほ笑んだり、うなずいたりすることができます。ところが、チャットやグループトークでは、言葉を発さなければ反応していることにならないので、なんらかの反応を打ち込まなければなりません。

このような、ほほ笑む、うなずくといったジェスチャーができないことが、かくれ繊細さんにとっては少し重く感じられます。

かくれ繊細さんはコミュニケーション上手なのですが、その理由は言葉にならない相手の意思や思いを読み取り、また自分も言葉にしないコミュニケーション（表情や身振り、手振り、しぐさなど）で相手とやり取りができるからです。

だから、チャットやグループトークで必ず反応を返さなければいけないとなると、「正しく反応できているか」が気になってハードルが上がっていってしまいます。なにを書いたらいいんだろう……とぐるぐるした挙句、当たり障りのないメッセージをやっとの思いで書き込んでみたりします。

そのようにやっとのことで書き込んだメッセージなのに、メンバーの反応が薄かったり、スルーされたりすると凹みます。私も精いっぱい対応しているつもりでいたのに、「時田さんは返信が遅い」と言われたことがあり、がっかりしたこともありました。

そんなことを繰り返すうちに、だんだんとチャットやグループトークが苦手になっていってしまうんですね。

こんな悩みを持つかくれ繊細さんが、チャットやグループトークでどんなふるまい方をしたらよいかというと、タイミングとモデリングがポイントです。私のお勧めは、全参加者の3分の1くらいが発信したころに発信することです。8人参加者がいたら3〜4番目くらいです。

このくらいの位置がよいのは、前に反応した人たちの投稿内容やニュアンスをモデリングできるからです。先に反応している人の仕方を見て、その反応の仕方や方向性、会話の熱量を少しまねるんですね。同意している内容なら、「やや同意」に発信しておく。先行者がノリノリなら、ややノリよく返信するとよいかと思います。

その際は「お手本」がいくつか出るのを待ってから発信するのですが、注意したいのは参加者の最後の発言にならないようにすることです。最後になってしまうと、どうしてもプレッシャーが大きくなってしまいます。早めに準備しておくと気持ちも楽です。

気心の知れた相手との1対1のやりとりは、このようなことをあまり気にすることなく自由に発言することができていますが、あまり親しくないメンバーでのチャットやグループトークの際は、もっぱらそのようにしています。

かくれ繊細さんが人間関係で起こりやすい、ぐるぐる思考

さて、ここからは、かくれ繊細さんのＳＮＳ以外の人間関係とそこで起こるぐるぐる思考についてお話ししてみたいと思います。

かくれ繊細さんの人間関係構築力は、総じて高めです。その場になじむために、なにをどうすればいいのかをごく自然に理解していて、立ちまわるからです。

たとえ初対面の人と会う場でも、どういう態度や表情でいればいいのかを概ねわかって対応するので、その結果、相手から好意的に受け入れられます。

これらの態度は、かくれ繊細さんが人間関係で嫌な思いをしないために身につけてきた対応力です。

とはいえ、本当はかくれ繊細さんはそれを自然体でなにも考えなくてもできるのではなく、意識的に対応しています。周囲を常に観察しながら、経験値を元に瞬時にはじき出して適切な間合い、適切な対応を繰り出しているので緊張を伴います。

そのため、かくれ繊細さんは、本当はもっと肩の力を抜いて、緊張せずに、気楽に人とつきあいたいと思っているかと思います。

例えば、誰かと会う約束をしているとき、その日が近づくとソワソワし始めると思います。

初めは楽しみにしていたのに、だんだんと「自分と会うのは実は嫌だけど、自分に合わせて会いたいと言ってくれてるんじゃないかな」とか、「本当は会うのが面倒くさいと思い始めてるのに、言い出せないんじゃないかな」という気持ちが出てきて、約束の日が近づけば近づくほどテンションがダウンして、行きたくなくなってしまったりします。

あなただって会いたいと思って決めた約束だったのに、そんな気持ちはどこかへいってしまっていて、「約束したから行かなきゃ」と、半ば義務感のような気持ちになったり。ですが、会ったら会ったで楽しく過ごせるので、会う前の懸念がまるでなかったようになってしまって、また同じように人と会う約束をします。誰かと会うだけなのに、一回ずつややこしく考えてしまうのです。

かくれ繊細さんから見ると、皆はそんなに深く考えずに人と会って楽しんでいるように見えます。

かくれ繊細さんは、そういう人になりたいと思っていますが、なれないのです。それには理由があります。

それは、起こるかもしれない「未来」をあらかじめ予測して不安になるイメージを脳裏に思い描くという、前の章でも触れた「脳内の予告映像」のせいなのです。人間関係でも様々な場面で、ぐるぐる思考がかくれ繊細さんに影響しています。

かくれ繊細さんは、「脳内映像」で人生を左右されている

かくれ繊細さんの脳内の予告映像は、とてもリアルです。

その予告映像のおかげで、仕事の見通しを立てやすかったり、他人の思考回路がわ

かったり、誰かが人知れず体調を崩していたらそれに気づいてケアできたりといったよい面がありますが、一方で、極度の不安や疑心暗鬼にもつながります。

よく、「ＨＳＰはネガティブ」と言われますが、ネガティブなのは、この「脳内予告映像に影響を受ける」から、なのです。


例えば、職場で会話中に同僚がなにか口ごもったとします。

その口ごもった様子を見て、かくれ繊細さんは「おや？」と感じます。それは一般的には見逃すくらいのわずかな表情の変化なのですが、かくれ繊細さんはそれを見逃さないで、「なぜあのタイミングで口ごもったんだろう？」という違和感を抱きます。

そして、その違和感をきっかけにして次々と脳内で既存データとの照合を始めます。

例えば、「もしかして、自分についてのなにか悪い噂が流れているんだろうか？」「あのときの自分の失敗を上司から聞いたんだろうか？」「そうか、だから、最近自分の仕事が少なくなってるのか」「もしかしたら、自分はこのプロジェクトから外されるのかもしれない」などのように、ドミノ倒しのような思考の連鎖が一瞬にして起こります。

そして、これらがすべて脳内の予告映像であることを忘れて、まるで本当に上司と同僚が自分の悪い噂をしていて、そのせいで自分がプロジェクトから外されることが決まったかのように錯覚してしまいます。

さらには、「人からアウトの宣告をされるくらいなら、自分から先に降りてしまったほうが気が楽だ」と考え、プロジェクトを自分から辞退してしまったりします。

このようなことに思い当たる節がある方もいらっしゃるのではないでしょうか。

つまり、かくれ繊細さんは脳内映像によって、人生を大きく左右されていると言えます。

脳内に現れる「予告映像」への上手な対処法

でも、もし、あなたの脳内に、こうした予告映像が流れなかったらどうでしょうか？

予測しないとしたら、ぐるぐる思考には陥らないし、自分の悪い噂について考えることもないし、アウト宣告されるんじゃないかと予測することもありません。

だから、自分からプロジェクトを降りることもありません。脳内予測をしなければ、ドミノ倒しのような思考の連鎖は起こらず、仕事は、何事もなかったように継続していきます。

ただし、残念ながら、かくれ繊細さんの脳内からこのような予告映像を取っ払うことはできません。それは、生まれながらに脳内映像を見る力を備え持っているからです。

なくせないなら、その力をうまく使いこなすしかないのです。

それには、脳内に現れて私たちを不安がらせ、怖がらせ、恥ずかしがらせる「予告映像」のことをよく理解して、それを「乗りこなす」必要があります。それができれば、人間関係においても、人脈を広げたり、次々とチャンスを拾って自分の成長の糧《かて》にしていくことができます。

脳内映像をどのように扱えばいいのでしょう。

ぐるぐる思考の大元である本心・本音に着目するとよいのです。

先の例で言えば、

「アウト宣告される前にやめてしまおう、と考える自分は、なにを恐れているのか？」を見るようにすると、本音にたどりつけます。

この場合、なにを恐れているかと言うと、他人に「あなたはダメな人だ」と言われることを恐れているように見受けられます。

「あ、自分は、このように人にダメ人間宣告されるのが怖くて、自分から辞退しようとしているな」と自分の行動の本当の意図を探り当ててあげてほしいのです。そうすると、ぐるぐる思考を止めやすくなります。

たったひとつの同僚の口ごもりから、せっかくつかんだチャンスを手放そうとまでするほど、誰かに「あなたはダメな人だ」と言われたくないのです。

脳内の予告映像に踊らされないように、本音を意識してみましょう。

他愛のない会話にぐるぐるしてしまう、かくれ繊細さん

かくれ繊細さんは、他愛ない話で盛り上がるのが大好きです。ですが、一方で「生産性のない会話に耐えられない」という面も持っています。

生産性のない会話とは、結論の出ない噂話や愚痴で、建設的・本質的であると感じられないものに意味を感じられず、腹が立ちます。

イラつきつつも自分をなだめますが、やはり「無意味」「空虚だ」と感じると、ぐるぐるしてしまうのです。

非ＨＳＰさんたちは、そうしたやり取りに、どうやらそこまで腹が立たないようです。「非生産的だな」と思っても、サラリと割り切れるのです。もちろん、ぐるぐる思考にもなりません。

また、かくれ繊細さんは、他人の悩みや考えに共鳴してしまいやすい特性も持っています。

ですので、他人の話をいちいち真に受けては、「こんなふうに苦しいんだろうな」と自分のことのように感じ入ります。その結果、勝手に肩入れをして熱くなってしまいやすいんですね。

頼まれもしないのに解決策を考えつづけ、挙句、アドバイスをするための資料を先走って作ったりして驚かれます。

相手の驚いた顔を見て初めて、

「ああ、またお節介なことをやってしまった……」

と気づき、恥ずかしさにまたぐるぐるすることになります。あなたにもそういう経験、ありますよね？

非ＨＳＰの人たちのような楽観的で継続的な人づきあいができないのは、このように、かくれ繊細さんが会話の非生産性に辟易することと併せて、共感性（相手に入り込みすぎてしまう性質）が強いせいである、と私は見ています。

ですので、かくれ繊細さんが、気軽に継続的に人づきあいをするためには、「適度な距離感」が必須です。

では、具体的にどうしたら適度な距離感を作れるのでしょうか。

かくれ繊細さんが、人との適度な距離感を身につけるには？

かくれ繊細さんが、人との適度な距離感を身につけるには、「モデリング」、そして「すぐ忘れる癖をつけること」が肝となります。

ここで言う「モデリング」とは、人とうまくつきあっている人の言動をこっそりまねしてみるということです。

「うまく人とつきあえている」と思う人と同じような発言をしたり、行動してみる。

すると、どんなタイミングでどのようなことを言ったら「適度なつきあい」ができるのかを、身をもって知ることができます。

書道や硬筆習字を習うとき、自分の筆跡の上に先生に赤い字で正しい軌跡を書いてもらいますよね。

その赤い修正された筆跡をなぞってみると、

「え、この字は、こんなに外側まで張り出さなければならなかったのか」

「この偏は、コンパクトに書くと全体がきれいにまとまるのか」

といった、お手本を見ただけではわからない感触をつかむことができます。

それと同じで、モデリングしてみることによって初めて、

「なるほど、人間関係がうまい人は、こういうタイミングで相づちをうつのか」

「言いづらいことを言うときの表情は、こんなふうでいいんだな」

「ひと呼吸おくくらいの間があると、落ち着いて見えるんだな」

などと、自分ひとりではわからなかった新たな発見があるものです。

ですので、適切なお手本の人を見つけて、ぜひモデリングをしてみてください。実際にやってみると、驚くことがたくさんありますよ！

そして、「すぐ忘れる癖をつける」とは、気になったことにまつわる感情をいったん消すということです。

でも、強引に消すのではなく、つぶやいてから消すのです。

自分のなかにあるものをそのまま外在化（内側からの見方から外側にいったん切り替えること）すると、消えます。

なにか恥ずかしいことをしたと思ったら、

「うん、まあ恥ずかしかったよね」

とつぶやいて終わらせるのです。

自分の本心を外在化させるのは、誰かにそれをぶつけることではありません。誰かと共有することで解消する、という方法ではなく、それをすぐに忘れるために、自分の感情を外にいったん出すということです。そのような「本音を吐き出す」というやり方はかくれ繊細さんには適していませんので、間違わないようにしてください。かくれ繊細さんは、はみ出した感受性を持っているので、はみ出した部分を誰かに吐き出してしまうと、人間関係を壊しかねません。

ちなみに、つぶやくというのは、必ずしも声を出さなければならないわけではありません。口のなかで、もごもごと言うだけでも同じ効果があります。

かくれ繊細さんはこれまで、このようなときに間違ったやり方をしてきていました。自分を、批判したり、あるいは逆に励ましたりしてきたのです。

例えば、「あそこで恥ずかしがるなんて、そこがあんたのダメなところだよ」と自己批判したり、「もっと堂々としていてもいいんだよ」「次はもっとこうしてみたらいいじゃない」のように、自分を励ましたりしてしまうのですね。まるで、小学生を叱ったり、なだめたり、がんばらせようとするお母さんのようなことを自分にもしてしまいます。

ですが、これは、大人になったかくれ繊細さんには効力がありません。なぜかといえば、それらの言葉が口先だけのことで、本当に感じていることではないと自分でわかっているからです。

ですから、モデリングでよいコミュニケーションのパターンを習得する一方で、「すぐに忘れる癖をつける」、そのために自分にだけ本音をつぶやくという方法を身につけることが大事なのです。

ぐるぐる思考を治めるには、瞑想も有効！

かくれ繊細さんが人とのコミュニケーションで感じる「恥ずかしさ」や「焦り」や「自己嫌悪」「罪悪感」、これらを手放すには、瞑想を習得するのがお勧めです。

また、人間関係の悩みを解消する以外にも、かくれ繊細さんにはぜひ瞑想を日常生活に取り入れていただきたいのです。

ぐるぐる思考に陥ったとき、以下の瞑想をしてみましょう。

ぐるぐる思考を治めるための瞑想ワーク

❶ 薄目にして、なにか一点（例えば、壁の画びょうや、カーテンの角など）に視線を集中してみてください。

❷ 顔を動かさずに、目線だけを右にずらしてみましょう。

❸ そのまま10秒ほど目の位置を固定し、ため息を一度ついてみます。

❹ 次にゆっくり目線を左にずらして、同じように10秒ほど固定し、ため息をつきます。

❺ 目を中心の一点に戻してください。

このとき抵抗なく一点に集中できるように、少しずつ練習をしていきましょう。

人とのコミュニケーションで「やってしまった」と感じたとき、この視線を一点に集中させる瞑想をやってみてください。

この瞑想を習得していただくと、あなたのぐるぐる思考は止まりやすくなります。

かくれ繊細さんは「圧の強い人」にも、ぐるぐるする

「圧が強い人」というのはたいがいどこにでもいます。そしてきっと、かくれ繊細さんもそんな人に辟易していることと思います。

かくれ繊細さんはそういう圧の強い人の言動を見ては、「またやってる」「ああ、うんざりだ」とぐるぐるしてしまいます。

その人たちにうんざりするのはかくれ繊細さんだけではありませんが、かくれ繊細さんはその人たちから特に影響を受けてしまいます。違和感のあるものを監視する習性があるためです。

そういう人を見るのをやめればいいと思うかもしれませんが、かくれ繊細さんは違

和感のあるものから目が離せないので、ずっとぐるぐるしながら辟易しつづけます。

そんな状態を解消するために、あなたは誰かに相談したこともあるかもしれません。

ですが、「そういう人は、自分に自信がないんだよ」とか、「周りを否定することでしか、自分の存在価値を周りに示せない人なんだよ」となぐさめられたり、「気にしている時間がもったいないから、気にするのやめなよ」とか、「腹のなかで笑っていればいいじゃない」といったアドバイスをされたりします。

今すぐ荒れた気持ちを整えたいのに、「がんばって昇進して、その人を見返してやればいい」なんて言われることもあって、「そうなるまでの何年間かは、どうやってすごせばいいんだろう?」と、途方に暮れるしかないこともあります。


かくれ繊細さんが本当に聞きたいことは、「みんなはどうしてあの人の言動が気にならないのか？　どうしたら、自分もそうなれるのか?」ということなのです。そしてそういう人から離れる、有効な方法を知りたいのです。

でも、それを聞くことは自分がなにを気にしているのかを知られてしまうというデメリットがあります。なので、なかなかほしい回答は得られないでしょう。

もし仮に、そう直球で誰かに聞いたとしても、期待した答えは返ってこないということもわかっていますから、かくれ繊細さんは常に「あの人、怖いんですよねぇ……」と軽く愚痴を言うだけに留まっているのです。

その人が気にならなくなる環境を作る

かくれ繊細さんが、そういった圧の強い人たちのことを気にならなくなることは、ＨＳＰであるという特性上、一生ありません。

だから、「気にするなよ」というアドバイスは、一般的によく言われることではありますが、かくれ繊細さんにはなんの役にも立たないのです。

「みんなはどうして気にならないのか？　どうしたら、自分もそうなれるのか？」という問いに私がお答えするとしたら、こうなります。

かくれ繊細さんは「気にならない人にはなれない」ので、唯一できることといえば、「その人から刺激を受ける頻度を下げる」のが解決策です。

席を移動する、部署を変えてもらう、勤務時間を変える、転職する。または、その人の圧が気にならない人を間に挟む。声が気になる場合は、イヤホンを使うなども職場によっては有効かもしれません。

そのために人事部にかけあうとか、勤務の仕方を変えさせてもらうために力をつける、資格を取るなど、周りを説得できるよう働きかけてみるのがよいかと思います。

そのように働きかけをして、気になる頻度を下げたとしても、視界にその人が入ってくることはあるかもしれません。その場合は、前の項目でお伝えした瞑想の練習をしてみましょう。

① 薄目にして、何か一点（例えば、壁の画びょうや、壁の一点など）に視線を集中してください。

② 圧の強い人の言動で、ネガティブな感情になり、ぐるぐるしそうになったら、この視線を一点集中させる瞑想をやってみてください。

このように対処していくことで、ぐるぐるしなくなっていくはずです。

かくれ繊細さんは、高い観察力や、察する力、問題解決力を持つ人たちで、そうした力を使って、そつのない人間関係を作りあげてきています。

また、かくれ繊細さんは、深く関係したい人とのつながりを求めている人たちです。そしてそれは、かくれ繊細さん本人だけにビビビッとわかる強いつながりです。

それなのに、現状の人間関係を維持するために悩み、膨大なエネルギーを使いつづけているとしたら、それはとてももったいないことだと思います。本当にほしい人間関係を得る喜びを味わう前にエネルギー切れしてしまうからです。

その関係を維持することで人との距離感について多大なエネルギーを持っていかれ

てしまっているのだとしたら、人間関係にまつわるぐるぐる思考を上手に扱えるようになりましょう。そうすると、ぐるぐるさせられる人間関係を見直せると思います。

この章でご紹介した「かくれ繊細さんと人間関係にまつわる、ぐるぐる思考の対処法」は、本当につながりたい人と豊かで幸せな人間関係を紡《つむ》ぎあげていくためのものです。

ぜひ、「かくれ繊細さんと人間関係にまつわる、ぐるぐる思考の対処法」を使って、あなたが本当に心から「ほしかった」と思える人との深いつながりを手に入れていただければと思います。

第6章

日々の生活で出てくるぐるぐる思考の対処法

［恋愛・結婚・子育て編］

かくれ繊細さんの恋愛とは？

「本当はひとりでいるのが好き」だという女優さんが、占いの番組で「誰かと会いたいと自分は思っても、相手のほうが自分といるときにつまらなかったらどうしよう、と心配になる」という発言をされていたのを共感しながら聞いていました。ところが、それに対して占い師さんが「それは考えすぎだし、神経質すぎるし、妙な気遣いだ」とコメントしていました。

このやり取りに、かくれ繊細さんが恋愛するときに知っておくべき、ＨＳＰの考え方に対する非ＨＳＰの見方が集約されていると思いました。

かくれ繊細さんは、恋愛においても、相手がどう思うか、どう感じるかに自然と視点がスイッチしています。

その上、「相手にがっかりされるんじゃないか」「高望みだと思われるんじゃないか」「身のほど知らずだと思われないだろうか」といったぐるぐる思考や、常識からはみ出してしまわないよう気をつけているため、自然体で恋愛することなどできようがないのです。

人を好きにならないわけではなく、むしろすぐに好きになってしまうほうなのに、いざ誰かとつきあうとなると、どんな自分で対応したらよいのかわからず、尻込みしてしまうのではないでしょうか。

ただ、一度相手が定まれば、恋愛関係にドップリになります。

かくれ繊細さんは、もったいない恋愛をしている

非ＨＳＰの男性と話をしたとき、非ＨＳＰから見たＨＳＰの女性について聞く機会がありました。

その非ＨＳＰの男性がＨＳＰ女性とおつきあいをしていたときに、「ＨＳＰの女の子って、もったいないな」と思ったそうです。

なにをもったいないと思ったのかというと、

「つきあってるんだから、なんでも言うことを聞いてあげたいじゃないですか。なのに、自分はこうしたい、ってなかなか言わないんですよ」

と言うのです。とても興味深い発言でした。

「自分がつきあってきた非ＨＳＰの女の子は遠慮なく『こうしたい』『こうしてほしい』ってどんどん言ってくるんですよ。こうしたいって言ってくれたことを叶えてあげたら喜んでくれるし、喜んだ顔が見られたら、自分も男としてうれしいんですよ。でも、ＨＳＰの子って、そうしないんです。もっと言ってくれたらいいのにな、そしたら一緒に盛り上がれるのになって思うのに言ってくれないから。結局、自然消滅しちゃいました」

この話を聞いたとき、私も初めてつきあった人の前でモジモジしてしまい、「こうしたい」が言えなかったときのことを思い出しました。

数十年のときを経て、今ではあのときどうすればよかったのかはわかります。と、同時に、あのときの自分は、非ＨＳＰの女性のようにあっけらかんと要望を口にすることなんてできなかったよな、とも思います。

非ＨＳＰの方たちが本心を言えるのは、相手がどう思うかを先読みしすぎないからです。それに対して、かくれ繊細さんは、先読みして「こう言ったら相手が困るかもしれない」と考えて言えなくなってしまいます。

それに、かくれ繊細さんは、人に強く言われると断れない人たちでもあります。自分が断れないので、他人に強く言うことに抵抗が強いのです。だから、思ったことをそのまま言えないのです。

この先読みの習性が、恋愛上のコミュニケーションにも影響します。

かくれ繊細さんがこの、「恋愛の相手に本当の要望を言う課題」を克服するには、伝え方に工夫をすればいいんです。

それは、言う前に、枕詞をつける、ということです。

相手に自分の本心を伝えるとき、

「こんなふうに言ったら、わがままだと思われるかもしれないけど……」
「自分にとっては、すごく言いづらいことなんだけど……」
のように、あなたが心配に思っていることを話してから、本題に入るといいのです。

こうして前置きの言葉を添えるだけで、自分の本心も伝えられ、さらに自分が相手の気持ちを考えているということも伝わります。それに相手も、どんな話をされるんだろう、という心の準備ができるという、かくれ繊細さんにはいくつものメリットが得られます。

結婚にまつわる、ぐるぐる思考への対処法

かくれ繊細さんの結婚については、相手が自分を傷つける人でない限り、基本的にどんな結婚をしてもよいのではないかと思います。

ただし、かくれ繊細さんは、相手が自分を傷つける人であると気づかないまま結婚

をしてしまうケースがあるので要注意です。

かくれ繊細さんは、努力家です。努力することでたいがいのことをなんとか乗り越えてきています。その努力のなかには、自分の本心を押し隠すことや、本心を押し隠した上で無理なことにもチャレンジするということも含まれています。

そのように努力家であるために、たとえ厳しい状況に追い込まれても、そのことで傷ついたつらい心の痛みを、「これで自分は成長できる」という成長欲にすり替えてしまう傾向を持っています。

つまり、つらいという気持ちを蔑《ないがし》ろにしてしまいやすい人たちでもあるということです。

そのように、いくら成長できそうだと思っていても、結婚した相手の自分への言い方がきつかったり、嫌みだらけのものの言い方をされたりすれば、当然傷つきます。

非ＨＳＰの人であれば、「つらい」「助けて」と周りの人に簡単に言えるかもしれませんが、かくれ繊細さんは、「つらくなければ人生じゃない」というくらいの我慢強さでこれまでの人生を乗り越えてきた自負があるので、傷ついているのにがまんしてしまうのです。

その結果、傷つきながらも相手との関係を深めていってしまうことも珍しくありません。


ですので、**結婚する前にその相手を、よく見てほしいのです。**

厳しくても、そのなかに愛情がある、という人なのか？

その点を冷静に観察し、考えて、結婚にふさわしい相手かどうかを判断してください。

いくら離婚しやすい時代になったからといっても、傷つきやすいかくれ繊細さんにとって離婚は心身への負担が大きく、その傷ついた状態から回復するにはかなりのエネルギーが必要です。

そうならないために、あなたが自力でぐるぐる思考を止められるようになりましょう。そうすることで、負担の大きい間違った結婚を回避できるようになります。

恋愛の課題を乗り越えたかくれ繊細さんの実例

恋愛の課題を乗り越えたかくれ繊細さんの声をご紹介します。

「これまでは、恋愛をする勇気が出ませんでした。

また失恋したらどうしよう。もう一度傷ついたらもう立ち直れないかもしれない。

そんなことばかりを考えて、出会いの場にも踏み出さず、仕事を一生懸命することで自分を納得させていました。仕事で評価されていたので、恋愛に飛び込んでいかなくても、居場所はあったのです。

しかし、自分のかくれ繊細さんという特性をよく知るうちに、『自分を知ってもらいたい。自分を受け入れてくれる人と出会いたい』という気持ちが強くなっていきました。

そして、改めて見直してみると、これまでの恋愛では自分に合わない人ばかりを選んでいたこともわかってきました。

惹《ひ》かれる人は、自分を見てくれる人ではなかったのです。一緒に歩いていくというよりも、一方的に憧れる対象の人を選んでいました。つまり、自分が一方的に「素敵！」と憧れる人を選んでいました。

私は、自分を受け入れてくれる人と出会いたい、そんな人とおつきあいしたいと思っているのに、いざつきあう人はそういう人ではなかったのです。そのことに気づき、これまでおつきあいしてきた人とは違うタイプの方に目を向けられるようになったことで、人生が変わったと感じています。

もちろん失恋したら死ぬほど落ち込むと思いますけど、失恋しても自分は自分だと思えます。またいい人に出会えるさ、人生長いんだから、と」

自分を知ったからといって、失恋しないということはないと思います。失恋も落ち込みもあるでしょう。でも、ぐるぐる思考を止められるあなただったら、改めてそこから新しい出会いがあることでしょう。

ちなみに、この感想をくださったかくれ繊細さんは、このあとこのお相手とご結婚なさいました。おめでとうございます！

子育てにまつわる、ぐるぐる思考への対処法

かくれ繊細さんが親になり、子育てするということは、非HSPの子育てとはまた違う悩みを持つことになります。かくれ繊細さんは「はみ出した感受性」を持ち合わせていて、子供ができるまではそれをセーブしつつ社会に適合しているためです（はみ出している部分については、45ページの図をもう一度参照してください）。

子育てについて、かくれ繊細さんからよく寄せられる悩みは、

「自分の理想を押しつけてしまいます。自分の思い通りにならない子供に、いら立ってばかりいます」

「子供に『なにかしてやらなきゃ』と思いすぎて、たくさんの習いごとをしています。

が、仕事、人間関係、子育てすべてに完璧を目指してしまい、焦ってばかりで楽しいと思えません。子供と遊ぶような余裕がなくて、常にぐったりしています」

「子供同士のけんかにイライラして、キレてしまいます」

「繊細で登校渋りのひどい娘に対し、どう接すればいいのかわからない。親なのに子供がなにを考えているのかわかりません」

「子供がＨＳＣ（生まれつき敏感で繊細、感受性が高い気質を持つ子供）だと思う。どう接していいかわからない」

「親としてのあまりの不完全さに、自分みたいなところに生まれてきてしまった子供に申し訳ないという罪悪感を感じることがある」

「息子、娘とぶつかることが嫌で、無意識にものわかりのいい母親をずっと続けていました」

などです。

子供に理想を押しつけてしまうという問題

かくれ繊細さんは、「こうなったらいいな」という理想形を思いつき、それに向けて走っていくことを大事にしたい人たちです。

例えば、絵を描いていて「あ、この部分には、青を塗ってみるともっとかっこよくなるかも」とひらめいて、それをひとりで実践してみて、「おお、いいね。かっこよくなった」と確認してニヤリとする、という楽しみ方を愛するのです。

ひとりで決めて、ひとりで実践してみるというサイクルを積み重ねていくため、そのサイクルを他人の介入によって狂わされるのを心地よく感じない、つまり、子育てにおいても、このサイクルのなかに子供が介入してくることは望ましくないと感じるのです。子供は常に自分のペースで動き、大人のペースに合わせてくれることはないのですから。

親は子供のペースに合わせるべきであるという共通認識があり、それは社会のなかで死守されなければなりません。ですから、かくれ繊細さんが子育てをするのであれば、子供にリズムを崩されない時間を確保する必要があります。

それがないと、かくれ繊細さんは精神的に追い詰められてしまい、イライラしがちになり、抑うつ的な気分が止まらなくなってしまいます。周りの人や園や子育てサポートなど他者の力を積極的に借りることを心掛けましょう。

また、自身が理想を追い求めることで様々な課題を乗り越えてきた経験があるため、子供にも自身の成功パターンを学ばせたいという親としての思いから、子供に理想を押しつけてしまう傾向も持っているかもしれません。

私自身は、よい成績をとることで様々なことを乗り越えてきた経験があるため、子供たちにとっても「成績がよいことは生き抜くために必要なことである」と信じて疑いませんでした。

さらには、ものわかりがよく、人に嫌われないキャラクターであることを自分に課していたため、子供たちにもそういう人物像であることを求めてしまっていました。

結果、親となった私自身の理想を子供に投影したことで子供が窮屈な思いをしてきたわけですが、思春期には見事に反旗を翻され、私の考え方を１８０度転換した経緯があります。

そのとき、私自身が生き抜くための武器は「よい成績をとること」「人に嫌われないキャラクターであること」だったけれど、子供たちにはそれぞれ、自分たちだけの武器を作っていくことが必要なのだと痛感したのです。

もちろん、子供に理想を押しつけることがダメだと思っていても、子供にとってそれが心地よいことかもしれません。それを決めるのは子供自身です。ですので、親ができることは、子供が親の理想に対していやだと言いえる関係性を維持しつつ、子供が嫌だというまでは、ある程度親の理想を託してもよいのではと思います。

そして、子供が「理想を押しつけるのはやめてほしい」と言ってきたときには、しっかり話し合い、親の理想は引っ込めて、子供の人生の主導権を本人に渡すしかないと思いますが、いかがでしょうか。

子供によい人生を送ってほしい、有利なスキルを身につけておいてほしいなどの理由で、習いごとに通わせることは悪いことではないと思います。

ただし、子供側から「やめたい」という要望が出たときには、やめることを前提に話し合いができる余裕が親側にある必要があります。

よく「やめてもいいよ」と言いつつ、本当はやめてほしくないから「○○ができたら」などの高いハードルを掲げて、やめさせないようにするというやり方を親はしがちですが、そのやり方は、場合によっては親子間の信頼関係を大きく損ないますので、注意してください。

子供が「やめたい」と言える余地のある関係であれば、子供との生活を楽しむ関係性を築けている、と考えられます。それは、子供がなにか自分の意見を言ったときに「ほお、なるほど。あなたはそう考えるんだね」と聞き入れてあげられている関係性と言えます。

それには、子供の考えを受容する、それを「言葉にして伝え返す」ということを意識してみるといいでしょう。

ほめるのではなく、ただ、子供の言葉を拾って、「〇〇って考えてるんだね」と言ってみるだけでよいのです。

これが実は、かくれ繊細さんがぐるぐるすることを自分で止めるためのワークの練習にもなります。子供に「〇〇って考えてるんだね」ということが言えるようになると、自分にも「自分って〇〇って考えてるんだね」と伝えることができるようになるからです。

家族のたてる音にイライラしてしまったときは……

かくれ繊細さんは、家族のたてる音、会話、スマホの音などの生活音にイライラしてしまうことがあります。かくれ繊細さんが集中・没入しているとき、音は容赦なく割り込んできて集中を妨げます。きっとイライラしてしまいますよね。

もし、音を出しているのが非HSPの家族であれば、真顔で「音を小さくして」と頼めばよいと思います。

そこに感情をのせないのがコツです。感情的に伝えるとしこりが残りますが、物理的に音が大きいので小さくしてもらいたい、という要望を伝えるだけであれば、家族もなにも気に障ることなく、ボリュームを下げてくれるでしょう。

私は、子育てをしているとき、このコツを知らなくて子供たちを怒鳴ってしまっていました。

怒鳴られた子供はヘソを曲げ、母である私は感情をザラつかせることになり、なかなか元の集中に戻すことはできなくなります。

ですが、このコツを使うようになってからは、子供たちとの関係性を悪くしなくてすむ上に、またすぐに集中に戻ることができています。

かくれ繊細さんの「学校に行き渋る子供」への接し方

子供が学校に行き渋るようになると、親は、子供の今後に対する不安や、学校や先生に対する不信感、子供の苦しそうな姿や攻撃的な姿を見るつらさ、学校に連絡しなければならないときの罪悪感や羞恥心、ほかの子供は難なく登校していることへの妬ましさ、うらやましさなど、たくさんの感情に翻弄されまくります。

そういう自分の悩みを誰かに聞いてほしいという思いと同時に、「毎日、子供にどう対応したらいいのかわからない。対応の仕方を知りたい」という思いで、メンタルがぐしゃぐしゃになるんですね。

子供が学校に行っていれば、自宅でくつろぐこともできるのに、子供が家にいることで四六時中、気が抜けないし、逃げ場のなさにいたたまれなくなって、ぐるぐるしっぱなしではないでしょうか。

登校渋りについてのぐるぐる思考を止めるには、学校に行き渋り続けている子供をそのまま受容することができるようになるか、または、子供が学校に行くようになるか、のどちらかが必要です。そして、前者の場合でも、子供をそのまま受容することができるようになると、登校するようになる可能性が高まります。

では、子供を受容するにはどうしたらよいのでしょうか。

それには、家族やカウンセラーや先生、サポートグループのメンバーといった他者から、親であるあなた自身を受容してもらい、支えられることが必須です。

そして、かくれ繊細さんの親の場合は、自分自身が社会に適合するために、自分のはみ出した感受性の部分とどう折り合ってきたのかを理解することが必要となります。

例えば、自分の社会との折り合いのつけ方を、子供に無意識に押しつけてしまっていることがあります。

親がよかれと思って言ってくれているとわかっているなら、子供は強く反発することなくそれを受け入れようとします。ですが、本人は、「なんだか窮屈《きゅうくつ》だな」と思いながらも、なにがどう窮屈なのか明確にすることができないまま、親は自分のために思って言ってくれているのだと無理に飲み込もうとしてしまっているかもしれません。押しつけではなく、子供自身が、社会に適合するための自分なりの武器を生成し、鍛錬《たんれん》していくことが必要なのです。そのことを親は覚えておかなければいけないと思います。

親子関係のぐるぐる思考を乗り越えた方の声

「母親というものは子供のためには自分の身を削ってでも、頑張らなくてはならないと思っていましたが、自分を優先させてもいい、自分の思うことを伝えてもいいんだということがわかったら、子供と接するのが、楽になりました」

「ぐるぐる思考を止められるようになったら、一般的にどうかということよりも、その子供自身にとってはどうなのか、ということに重きを置くようになった。そうしたら、子供も親の言うことを聞いてくれるようになりました。子供の人生なのだから、大事だと思うことは伝えるけれど、あとは見守ろうと思えるようにもなりました」

「子供の言い分を突っぱねずに共感することを教えていただき、まだなかなか実践できていませんが、今後必ず活かしていきたいと思います」

「たぶん娘もＨＳＣだと思います。今まではそれがわからず娘の行動に悩みを抱えていましたが、見守れるようになってきました。娘は娘のままですが、私の見方が変わってきたと思います」

「もともと子供ならみんな好き、というわけではないので、自分が子供をほしいのか？　ということについての悩みがありました。自分ひとりでは決められないことであり、不可逆な選択なのですごくプレッシャーでした。ぐるぐる思考を止められるようになって、産んでもいいかもしれないと思えるようになり、期間を決めてトライしてみようという気持ちになっています」

「子供にかかわる仕事をしていて、わけがわからず『疲れる』と感じていましたが、ぐるぐる思考を止められるようになったら、自分の生きてきた環境（親との関係）を見直し、どうして子供や保護者とかかわると疲れるのか理由がわかってきました」

「実は子供が嫌いだ、と思う自分を許せるようになりました。そうしたら、子供とかかわるのが楽になりました！」

「ぐるぐる思考を止められるようになったら、結婚、出産に執着していたことに気づくことができました。なぜ執着しているのかを感情から紐解くことで、何重にも隠してバレないようにしていた自分の思いが理解できました。そのおかげで結婚したいとは思っていない、子供もほしいと特に思ってもいないことがわかりました。してもいいし、しなくてもいい。子供がいてもいいし、いなくてもいい。特にそのことに思いも馳せることなく今の時間をすごすことができるようになりました」

「これまで私は、娘のためになにかしてあげなくてはと強く思いすぎて、空回りしていたように思います。今でもつい立て続けに娘にアドバイスや質問をして尋問のようになってしまいそうになりますが、そんなときはぐるぐる思考を止めるようにしてみています。ちょっと立ち止まれます。もちろん完璧ではないですが」

「以前は娘が学校のことや困ったことをなかなか話してくれないと悩んでいましたが、いつのころからか話してくれるようになってきました。なんでかな……と考えてみたのですが、きっと娘の答えを信じて待つということが、娘をひとりの人間として尊重し信頼することにつながり、それが娘にも伝わっているからかな〜と思います」

「以前は娘が『学校に行きたくない！』と言うたびに激しく心がかき乱され、必死になって娘をなだめたり怒ったりしていましたが、今ではだいぶん落ち着いて対処できるようになりました。きっと壁にぶち当たるたびにぐるぐる思考を止められるようになったからだと思います。そして最近では娘の登校渋りがずいぶん軽減していて、心からうれしく思います」

「子供もＨＳＣ傾向がありますが、自分のことを肯定できるようになるとともに、子供に関しても、見守っていける自信がついてきています」

「子供を自分と重ねてしまっていましたが、子供はひとりの独立した人間である、私とは違うんだ、と思えるようになりました」

「子供のけんかをうるさく感じていたけれど、ぐるぐる思考を止めることができるようになったら、前より気にならなくなった。あまりにも続くときはその場を離れるとか、イライラする前に対処できるようになりました」

「自分と似ているタイプの下の子のいいところがわかるようになりました」
「親としてのあまりの不完全さに、罪悪感を抱えていましたが、どれだけ自分に無理な理想を押しつけていたかを知り、頑張ったねーと自分を受容するようにしたら、ぐるぐるしなくなりました」

かくれ繊細さんは「はみ出した感受性」のせいで、自分ひとりだけでもコントロールすることが大変なのに、子供のことまでできない、と尻込みしてしまうかもしれません。

ですが、自分のためのぐるぐる思考の解決法は、子育てにも有効な上に、子供との関係も圧倒的によくなるスキルです。

もちろん、完璧な子育てはありませんが、自信を持って言えるのは、ぐるぐる思考を解決できるようになったら、子育てを楽しむ余裕が生まれ、子供とのいい関係を築くことに自信がつき、なにより子供の自立を見守れるようになるということです。

おわりに

かくれ繊細さんとぐるぐる思考についての本書を読んでくださり、ありがとうございます。

ぐるぐる思考には、私自身がずいぶんと悩まされてきました。

とにかく、いろいろな場面で、すぐにぐるぐるしてしまうのです。

また、自分がぐるぐるしてしまっている、と気づけるようになるまでにも長い時間がかかりましたし、ぐるぐるしていると気づけるようになってからも、ぐるぐる思考を止める方法がわからなくて困っていました。

当時は、「ぐるぐる思考を止めるなんてことができるわけがない」と思っていました。

けれども、「ぐるぐる思考は止まるんだ」とわかったところを境目に、ずいぶんと生きやすくなりました。

なによりも、ぐるぐる思考を止められるようになったら、気持ちがひどい状態になるまで自分を放っておくことがなくなり、小刻みに修復を図れるので、ここ何年かは憂鬱《ゆううつ》すぎて寝込むこともなくなりました。

かくれ繊細さんのなかには、憂鬱がひどくなって寝込むってことを繰り返している方も多いと思いますが、そんなときは、必ずぐるぐる思考が関係しています。

そんな方に向けて、ぐるぐる思考は止まるんだ、ということが、皆さんにも伝わればいいなと思って本書を書かせていただきました。

いかがだったでしょうか？

過去のトラウマを解消するためにたくさんのカウンセリングやワークや講座を受けてきた、というご相談者がいました。

その場では納得するのに、根本的な解決にはならないため、10年以上もいろいろな先生のところを渡り歩いてきたと言います。そのいずれも、目的は「トラウマを解消すること」でした。なぜなら、彼女は、トラウマさえきれいに解消できれば、今の自分の生きづらさも自然と緩やかになっていくものと思っていたからです。

彼女の言うことには、私にも思い当たる節があります。私自身もかつて、母から勉強を強いられてきたせいで「自分」がなくなってしまったと思っていたからです。ですから、親から受けたトラウマを解消すれば、ぐるぐるすることがなくなるだろうと思い、彼女と同じようにたくさんの先生や講座を渡り歩いていました。いわゆるセミナージプシーです。

でも、結果的に「トラウマを解消しさえすれば、ぐるぐる思考はなくなり、生きやすくなる」ということは、少なくとも私のようなかくれ繊細さんにはありませんでした。

皆さんのなかにも、トラウマを解消しさえすれば、今現在の悩みがなくなり、ぐるぐる思考もピタリと止まって、生きやすくなり、不安もなくなり、焦らずに落ち着いて生活できると思っていらっしゃる方がいるかもしれません。

ですが、トラウマを解消したとしても、今、この瞬間に起きるぐるぐる思考を止められる、ということと直結しないのです。

それは、ご相談にこられたその方が、

「過去の人生のしこりを解消すれば、自分の今の人生が楽になるものだと思っていましたが、そうではないのですね。今の自分のぐるぐる思考をそのつど止めることが、生きやすさにつながるんですね」

とおっしゃられていたことからもわかります。

自分の生きづらさを解消できるようになった今、特に強く感じるのは、「日常的に頭のなかで起こる、このぐるぐる思考を止める方法こそ、かくれ繊細さんが生きやすくなるための最大のスキルである」ということです。

ご本人が気づいていないところで、違う方向に解決策を見出して生きづらさを解消しづらくしてしまっている方もいるかもしれないので、この本をヒントにして探り始めていただけたらと思います。

かくれ繊細さんとぐるぐる思考をテーマにしようとご提案下さり、長きにわたって原稿を待ってくださり、いい本を作りましょうと励ましてくださった廣済堂出版の伊藤さんに感謝の意を表したいと思います。

また、この場を借りて改めてお礼を申し上げたいのは、ＨＳＳ型ＨＳＰの概念を理解するために多大なるご協力をいただいた湯野川祐子フローレンス先生です。あの気の長い作業がなかったら、日本にＨＳＳ型ＨＳＰ（かくれ繊細さん）のことを伝えることができませんでした。私の不手際でなかなかお礼を申し上げることができないままでおりました。この場を借りて厚く御礼申し上げます。

事務局さん、受講生さんたち、勉強会の参加者の方たち、インスタやメルマガやブログ、ホームページ、ＬＩＮＥのフォロワーであるかくれ繊細さんたちのことを、私は同志だと思っています。それに加えて、家族の寛容さにはいつも感謝しかありません。

本書を手に取って読んでくださった皆さま、ありがとうございます。

かくれ繊細さんは複雑ではありますが、自身のことをわかり、腑《ふ》に落ちると大きく変わります。この本で、あきらめずにご自身の人生に取り組んでいく方のお手伝いができていたら、これ以上の喜びはありません。

２０２４年４月　時田ひさ子

参考文献

エレイン・N・アーロン著、片桐恵理子訳『敏感すぎる私の活かし方　高感度から才能を引き出す発想術』（パンローリング株式会社）

エレイン・N・アーロン著、明橋大二訳『ひといちばい敏感なあなたが人を愛するとき　HSP気質と恋愛』（青春出版社）

M・チクセントミハイ著、浅川希洋志ほか訳『クリエイティヴィティ　フロー体験と創造性の心理学』（世界思想社）

長沼睦雄著『「敏感すぎる自分」を好きになれる本』（青春出版社）

ステファン・W・ポージェス著、花丘ちぐさ訳『ポリヴェーガル理論入門：心身に変革をおこす「安全」と「絆」』（春秋社）

前田利江、鈴木美樹江（２０２０）「思春期不登校の子どもをもつ母親の心理変容過程についての一考察」（心理臨床学研究）

かくれ繊細さんの「ぐるぐる思考」からの抜け出し方

2024年5月20日　第1版第1刷

著　者　　時田ひさ子
発行者　　伊藤岳人
発行所　　株式会社廣済堂出版
〒101-0052　東京都千代田区神田小川町2-3-13 M&Cビル7F
電話03-6703-0964（編集）03-6703-0962（販売）
Fax 03-6703-0963（販売）
振替00180-0-164137
https://www.kosaido-pub.co.jp/

印刷・製本　株式会社暁印刷
本文DTP　株式会社明昌堂
カバーイラスト　高橋由季
ブックデザイン　金井久幸（TwoThree）

ISBN978-4-331-52413-8 C0095